Table des matières

Conseils pour l'enseignement

Éveiller l'intérêt des élèves

Aidez les élèves à mieux comprendre et apprécier les divers concepts en mettant à leur disposition, dans un coin de la classe, des livres informatifs, des images et des collections reliés aux sujets étudiés qui les encourageront dans leur apprentissage.

Activité « Ce que je pense savoir/ Ce que j'aimerais savoir »

Présentez chaque module de sciences en demandant aux élèves ce qu'ils pensent savoir et ce qu'ils aimeraient savoir du sujet. Cette activité peut être faite en groupe classe (au moyen d'un remue-méninges), en petits groupes ou individuellement. Une fois que les élèves ont pu répondre aux questions, rassemblez l'information trouvée afin de créer un tableau de classe que vous pourrez afficher. Tout au long de l'apprentissage, évaluez les progrès que font les élèves afin d'atteindre leur objectif, pour ce qui est des connaissances qu'ils veulent acquérir, et afin de confirmer ce qu'ils pensent savoir.

Vocabulaire

Notez, sur une feuille grand format, le nouveau vocabulaire relié au sujet étudié, afin que les élèves puissent s'y reporter. Encouragez les élèves à utiliser ce vocabulaire spécialisé. Classez les mots dans les catégories noms, verbes et adjectifs. Invitez aussi les élèves à concevoir leur propre dictionnaire de sciences dans leur cahier d'apprentissage.

Cahier d'apprentissage

Un cahier d'apprentissage permet à chaque élève d'organiser ses réflexions et ses idées au sujet des concepts de sciences présentés et étudiés. L'examen de ce cahier vous aide à choisir les activités de suivi qui sont nécessaires pour passer en revue la matière étudiée et pour clarifier les concepts appris.

Un cahier d'apprentissage peut contenir :

- des conseils de l'enseignante ou enseignant
- des réflexions de l'élève
- des questions soulevées
- des liens découverts
- des schémas et images avec étiquettes
- les définitions des nouveaux mots

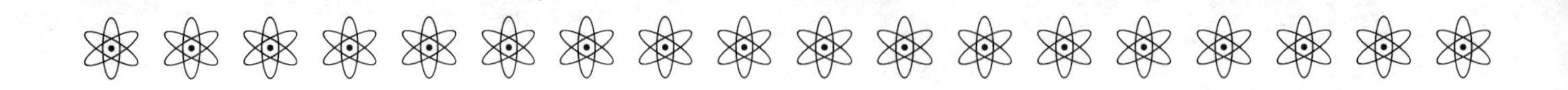

Les habitats

Qu'est-ce qu'un habitat?

Un habitat est le milieu où vivent des êtres. Ton habitat est ton quartier. Un habitat fournit aux plantes et aux animaux ce dont ils ont besoin pour vivre.

De quoi ont besoin les plantes et les animaux?

Voici certaines choses dont ont besoin les plantes et les animaux :

- **Nourriture** - Les plantes et les animaux doivent vivre dans un endroit où ils peuvent trouver de quoi se nourrir.
- **Eau** - Les êtres vivants ont besoin d'eau pour survivre.
- **Air** - Les plantes et les animaux ont besoin d'air pour rester en vie.
- **Lumière** - Les plantes ont besoin de lumière pour croître. Les humains et les animaux ont besoin de lumière pour être capables de voir.
- **Espace** - Les animaux ont besoin d'espace pour chasser ou trouver de la nourriture, pour trouver une compagne ou un compagnon et pour élever leur famille. Les plantes ont besoin d'espace aussi. Si un trop grand nombre de plantes croissent au même endroit, elles ne pourront pas obtenir suffisamment d'éléments nutritifs du sol.

Divers habitats

Voici quelques exemples d'habitats, ainsi que des plantes et des animaux qui vivent dans chacun.

Habitat	Plantes et animaux
Étang	Plantes aquatiques, grenouilles, libellules, poissons
Désert	Cactus, chameaux, gerbilles, serpents à sonnettes
Forêt	Arbres, ours, écureuils, oiseaux

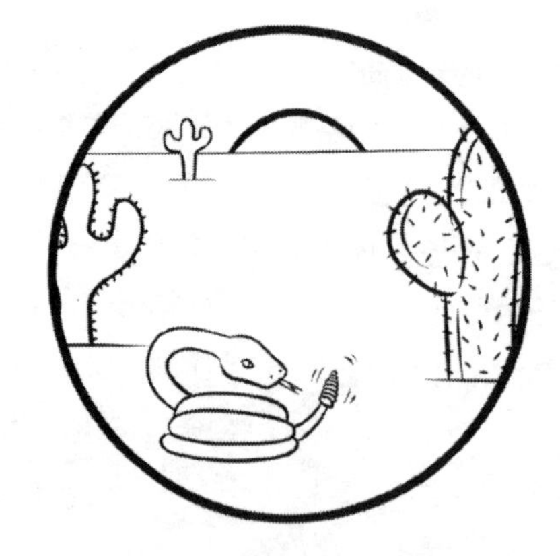

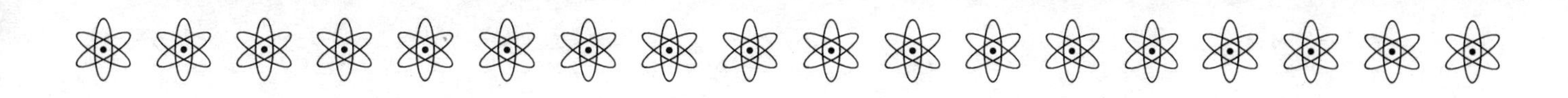

« Les habitats » - Penses-y!

1. Les oiseaux construisent des maisons qu'on appelle « nids ». Serait-il exact de dire que le nid d'un oiseau est son habitat? Pourquoi?

2. Une montagne peut-elle être considérée comme un habitat pour certaines plantes et certains animaux? Justifie ta réponse.

3. Pourquoi est-il important que les animaux puissent trouver une compagne ou un compagnon dans leur propre habitat?

4. Réfléchis à ce que tu sais des castors. Pourquoi un lac ou un ruisseau dans une forêt est-il un bon habitat pour un castor?

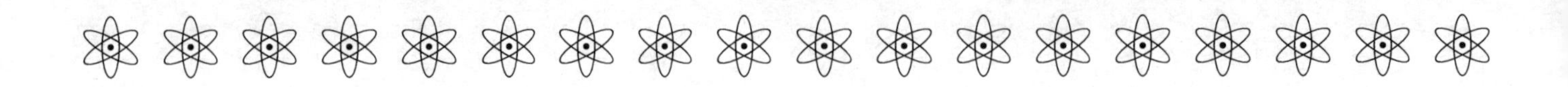

Divers types d'habitats

Il y a divers types d'habitats sur la Terre. Voyons certains de ceux qu'on peut trouver en Amérique du Nord.

La prairie

La prairie est couverte de graminées. On y trouve aussi plusieurs espèces de fleurs, mais pas beaucoup d'arbres et d'arbustes.

Les bisons et les antilocapres se nourrissent des graminées dans les prairies. Des loups, des coyotes et des renards vivent dans les prairies. Ils se nourrissent de petits animaux, tels que les spermophiles et les chiens de prairie. Des écureuils terrestres font leurs maisons dans le sol. Les moineaux, les faucons et les hiboux sont des oiseaux qui vivent dans la prairie.

La ville

La ville est un habitat pour les êtres humains, certaines plantes et certains animaux sauvages. Les fourmis creusent des tunnels dans les fissures des trottoirs. Les oiseaux cherchent des vers de terre sur les pelouses. Des arbres et des plantes poussent autour des maisons. Des mauvaises herbes poussent dans les fossés. Des graminées et des arbustes poussent dans les champs. Des arbres poussent dans les parcs.

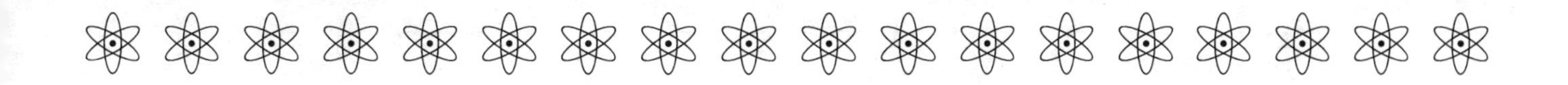

La zone humide

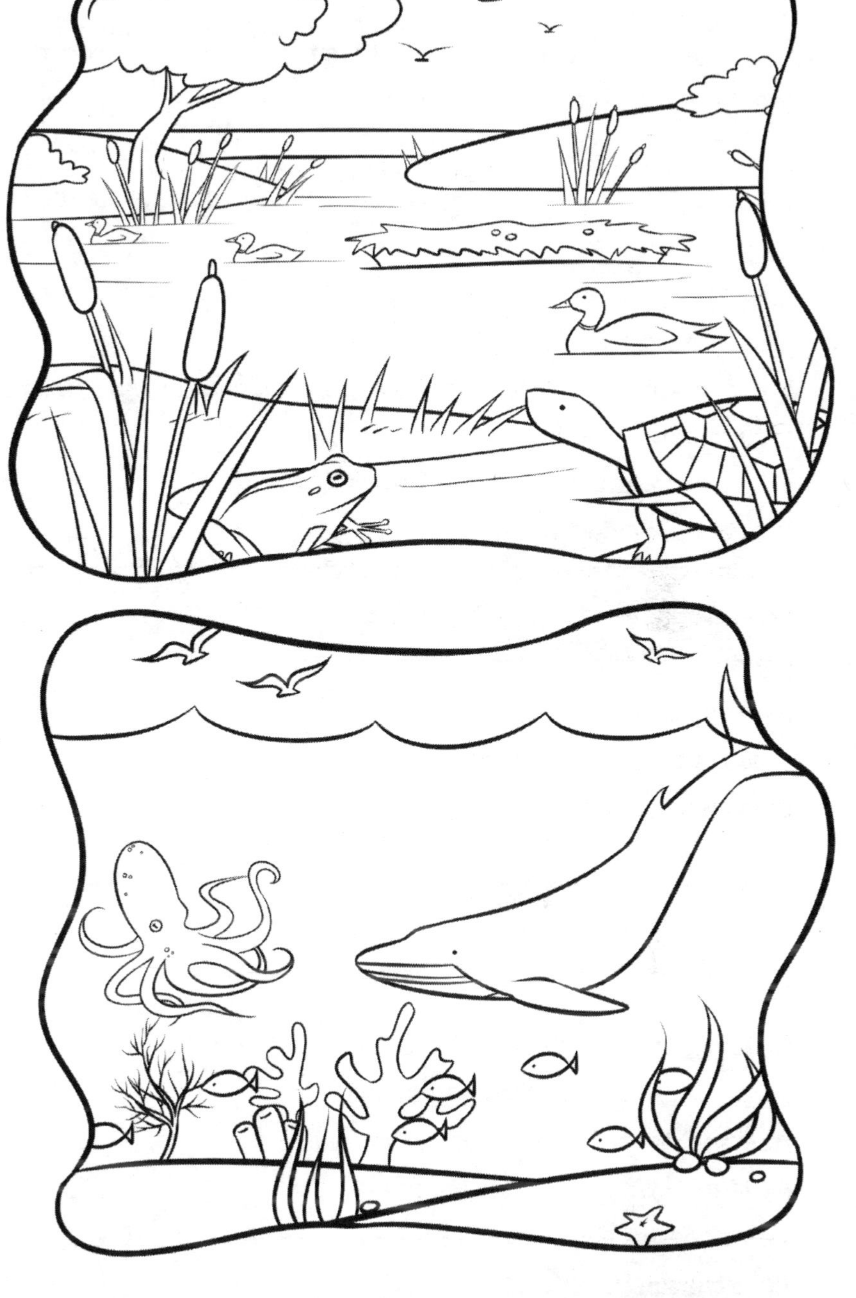

On trouve des zones humides entre des plans d'eau et la terre ferme. Les marais et les marécages sont des zones humides. Ce type d'habitat peut être très humide et boueux la plupart du temps. Ou il peut être submergé.

Des arbres, des graminées et des arbustes peuvent pousser dans les zones humides. Les moustiques, les papillons, les poissons, les tortues, les canards, les grenouilles et les serpents ne sont que quelques-uns des animaux qui vivent dans les zones humides.

L'océan

Beaucoup d'animaux vivent dans les océans. La baleine et le requin sont parmi les plus gros de ces animaux. Parmi les animaux plus petits, il y a la pieuvre, la méduse et la crevette. Le plancton est constitué de créatures si petites que tu aurais besoin d'un microscope pour les voir. Divers types d'algues poussent dans l'océan.

Il y a des oiseaux qui vivent au-dessus de l'océan. L'océan est leur habitat parce que c'est là qu'ils chassent.

Réfléchis bien

Certaines régions sont ce qu'on appelle des habitats essentiels. Les espèces qui y vivent sont parfois menacées ou en voie de disparition, et doivent être protégées. Des lois interdisent qu'on tue, emmène ou dérange les espèces de ces habitats. Ces lois aident les espèces à survivre et se reproduire.

Crée une affiche à propos d'un habitat essentiel près de ta communauté. Écris-y les raisons pour lesquelles cet habitat est essentiel. Explique les mesures prises pour aider cet habitat à rester dans un état sain.

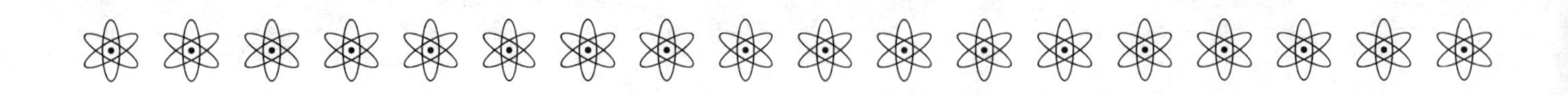

« Divers types d'habitats » - Penses-y!

Lis l'information donnée à propos de chacun des animaux ci-dessous. Ensuite, écris dans le tableau l'habitat (prairie, ville, zone humide, océan) où l'animal vit, selon toi. Justifie tes réponses.

- Les **ratons** laveurs renversent les poubelles des gens et éparpillent les déchets, à la recherche de nourriture.
- Le **corail** est très beau, mais les plongeuses et plongeurs en scaphandre doivent être prudents : le corail est coupant et peut causer des blessures.
- Les **alligators** vivent dans des régions marécageuses, où ils chassent les animaux qui vivent dans l'eau et sur la terre ferme.
- Les **blaireaux** creusent facilement le sol. Ils chassent des animaux, comme les écureuils terrestres, **qui** vivent dans des terriers.

1. Raton laveur	Habitat :
Pourquoi je pense cela	
2. Corail	Habitat :
Pourquoi je pense cela	
3. Alligator	Habitat :
Pourquoi je pense cela	
4. Blaireau	Habitat :
Pourquoi je pense cela	

Réfléchis bien

Sur une autre feuille de papier, fais un dessin de ton propre habitat et ajoutes-y des étiquettes. Quelles espèces d'animaux et de plantes vivent dans ton habitat? Quel est le climat de ton habitat? Quelle est la quantité des précipitations?

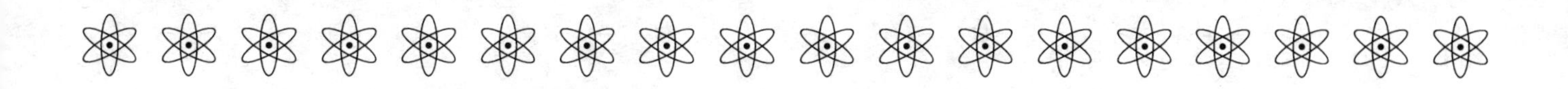

Les adaptations des animaux

Au fil de très longues périodes de temps — des milliers ou des millions d'années —, les animaux peuvent changer afin de pouvoir survivre. On appelle ces changements *adaptations.*

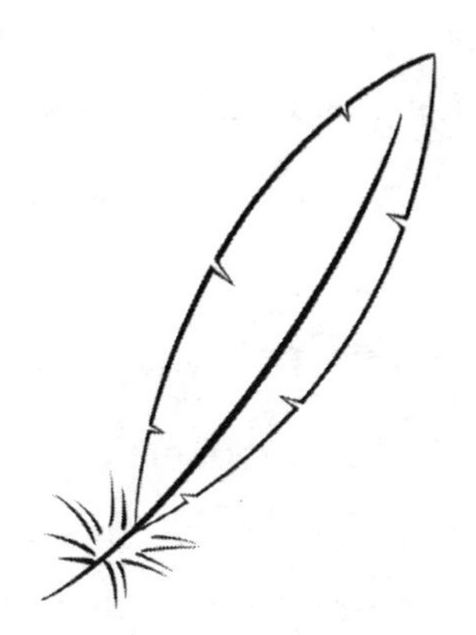

Des plumes pour voler et plus encore

Les plumes qui recouvrent les ailes des oiseaux leur permettent de voler. Mais les oiseaux ont des plumes ailleurs sur leur corps. À quoi servent-elles? Les plumes tiennent les oiseaux chaud. Sans plumes, les oiseaux pourraient mourir quand il fait très froid. Les oiseaux ont développé cette protection contre le froid au fil du temps.

Tout en haut

Le cou des êtres humains n'est pas très long. Notre cou nous permet de tourner la tête à gauche et à droite, en haut et en bas. Nous n'avons pas besoin d'un long cou pour faire ces mouvements. Pense au cou d'une girafe. Pourquoi la girafe a-t-elle besoin d'un aussi long cou?

La girafe mange les feuilles qui poussent sur de grands arbres. Si elle ne pouvait atteindre que les feuilles du bas, elle n'aurait peut-être pas assez de nourriture pour survivre. Mais avec un aussi long cou, elle peut atteindre les feuilles qui poussent près du sommet des arbres. Son cou est une adaptation qui lui permet de survivre.

Une queue bien plate

On reconnaît facilement le castor à sa queue large et plate. Cette adaptation est très utile pour le castor.

La forme de sa queue l'aide à se diriger dans l'eau. Mais ce n'est pas tout. Sa queue lui permet aussi de se maintenir en équilibre quand il transporte de lourdes branches pour construire sa hutte.

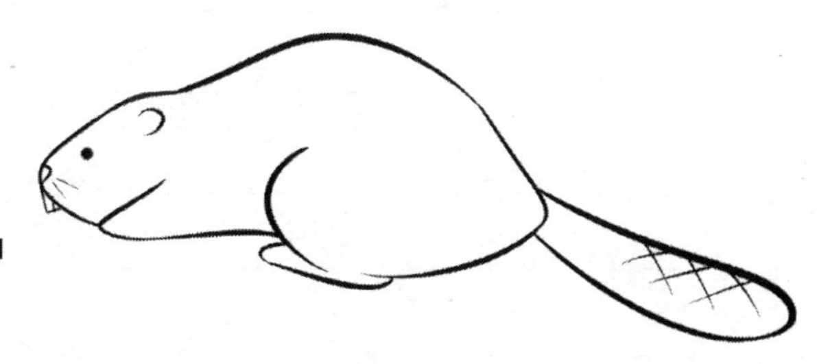

Sa queue sert aussi de signal d'alarme. Le castor frappe l'eau avec sa queue pour avertir les autres castors d'un danger.

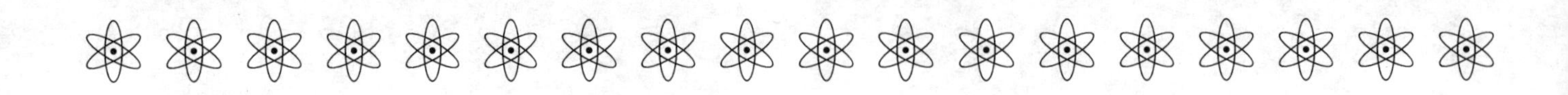

Ouvre très grand la bouche!

Comment un serpent peut-il avaler un animal plus gros que sa propre tête? Une adaptation lui permet de chasser tant les petits que les gros animaux, ce qui l'aide à survivre.

Les mâchoires d'un serpent fonctionnent différemment des nôtres. Elles peuvent s'ouvrir très grand, de façon que le serpent peut manger un gros repas.

Une autre adaptation aide le serpent à avaler sa nourriture. Ses dents sont inclinées vers l'arrière. Cela veut dire que son repas ne se prendra pas dans ses dents quand le serpent l'avalera.

« Les adaptations des animaux » - Penses-y!

1. Utilise tes propres idées et l'information tirée du texte pour expliquer l'importance des adaptations dans la survie des animaux.

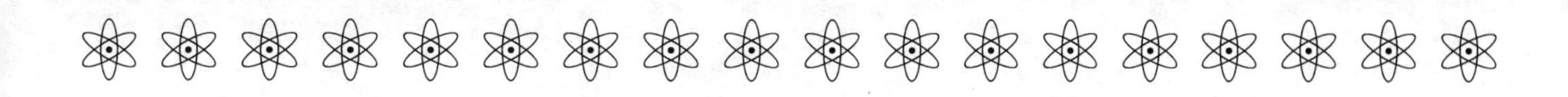

« Les adaptations des animaux » - Penses-y! (suite)

Pour chaque animal ci-dessous, donne une adaptation qui l'aide à nager, à chasser ou à se cacher.

2. Nager

Le canard ______________________________

Le poisson ______________________________

Le phoque ______________________________

3. Chasser

Le hibou ______________________________

Le serpent à sonnettes ______________________________

Le requin ______________________________

4. Se cacher

L'ours polaire ______________________________

Le caméléon ______________________________

La tortue ______________________________

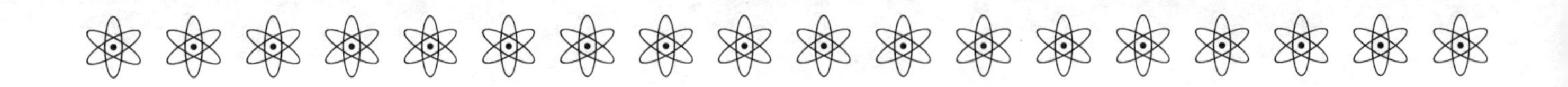

Les êtres humains et les habitats

Quelle influence les êtres humains ont-ils sur les habitats naturels?

Population grandissante

Le nombre de personnes sur Terre augmente constamment. Elles ont besoin de plus en plus d'espace pour construire des maisons, des hôpitaux, des écoles, des commerces et des usines. La construction détruit des habitats naturels.

Pense aux plantes et aux animaux qui vivent dans ces habitats. Ils pourraient disparaître pour toujours.

Pollution croissante

Les êtres humains produisent la pollution. Plus il y a de gens, plus il y a de pollution. En voici quelques exemples :

- Les usines rejettent de la fumée dans l'air. Les produits chimiques présents dans la fumée sont dangereux pour les plantes et les animaux.
- Les usines déversent des déchets liquides dans les lacs et les rivières. Les substances chimiques présentes dans ces déchets sont toxiques pour les êtres qui y vivent. Elles s'accumulent, par exemple, dans le corps des poissons. Si tu manges l'un de ces poissons, les substances chimiques pénètrent dans ton corps.
- Les gens déversent des substances chimiques dangereuses dans les égouts. Ces substances peuvent se retrouver dans les lacs et les rivières... et même dans l'eau que nous buvons. Beaucoup de gens ne se rendent pas compte que des produits tels que la peinture, les médicaments et les produits de nettoyage, contiennent des substances chimiques toxiques.

Un espoir grandissant pour l'avenir

De nos jours, de plus en plus de gens se rendent compte qu'il est important de protéger les habitats naturels et prennent les mesures nécessaires pour les sauver. Voici certaines de ces mesures :

- Recycler le bois et les produits de papier. De cette façon, on abat moins d'arbres.
- Trouver des façons de réduire la pollution produite par les usines.
- Emporter les liquides toxiques dans des installations pour déchets dangereux.

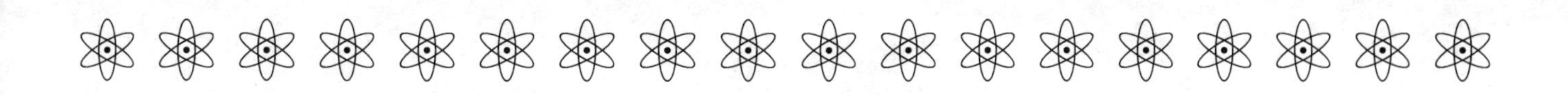

« Les êtres humains et les habitats » - Penses-y!

La petite ville de Champvert se développe rapidement et on a besoin d'espace pour construire d'autres maisons. À la limite de la ville, il y a une grande forêt. On planifie d'en abattre les arbres pour y construire les maisons. Que penseront différentes personnes de ce plan?

1. Tu es un promoteur immobilier dont le travail est de construire des maisons. Si tu ne peux pas trouver suffisamment d'espace pour construire tes maisons, ton entreprise pourrait ne pas survivre. Que penses-tu du projet? Pourquoi?

___

___

___

2. Tu es une écologue qui étudie les habitats naturels. Ton travail consiste à trouver des façons de protéger les plantes et les animaux qui vivent dans les forêts. Que penses-tu du projet? Pourquoi?

___

___

___

___

3. Il n'y a plus assez d'espace dans ton petit appartement pour ta famille. Il n'y a pas beaucoup de maisons à vendre à Champvert, et la plupart coûtent trop cher. Les nouvelles maisons qu'on veut construire là où il y a la forêt seraient suffisamment grandes pour ta famille et ne coûtent pas trop cher. Que penses-tu du projet? Pourquoi?

___

___

___

___

Jeu de rôle

En groupe classe, organisez une réunion du conseil de la ville et jouez le rôle des parties concernées dans cette discussion : membre du conseil, promoteur immobilier, écologue et citoyen de la ville.

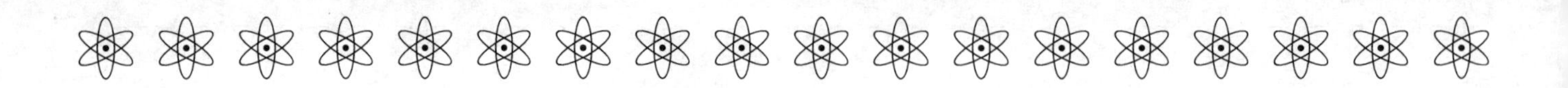

Les communautés

Qu'est-ce qu'une communauté?

Le mot *communauté* peut signifier un groupe de personnes vivant dans un même endroit. Ton quartier est une communauté. Les gens dans ton quartier vivent tous dans un même endroit.

Interdépendance

Les gens dans une communauté sont interdépendants. Pense à ta communauté scolaire, par exemple. Les élèves doivent apprendre du personnel enseignant. Le personnel enseignant a besoin d'élèves à qui enseigner. La direction d'école veille au bon fonctionnement de l'école. Elle a besoin, pour cela, de l'aide de tous les autres membres de la communauté. Les gens dans ta communauté scolaire ont besoin les uns des autres.

Les plantes et les animaux forment aussi des communautés.

La communauté d'un habitat

Ce type de communauté se compose de toutes les plantes et de tous les animaux qui vivent dans un habitat particulier. Ces plantes et ces animaux sont interdépendants.

Les animaux de la communauté ont besoin des plantes. Les plantes leur procurent de la nourriture, des endroits où se cacher, et des maisons.

Les plantes de la communauté ont besoin des animaux. Les excréments des animaux fertilisent le sol, ce qui aide les plantes à croître. Les abeilles transportent le pollen d'un endroit à un autre pendant qu'elles se nourrissent. Cela aide les plantes à produire des graines et des fruits.

Certains animaux se nourrissent d'autres animaux. Les souris, par exemple, servent de nourriture aux hiboux.

Pourquoi la communauté d'un habitat est importante

Qu'arriverait-il si tous les arbres disparaissaient d'un habitat? Certaines plantes perdraient l'ombre dans laquelle elles croissent. Les oiseaux bâtiraient leurs nids sur le sol. Les prédateurs pourraient alors manger les œufs.

Et si toutes les souris disparaissaient? Les animaux qui s'en nourrissent ne trouveraient peut-être plus assez de nourriture pour survivre.

Tous les organismes qui vivent dans la communauté d'un habitat dépendent les uns des autres. Ils s'aident mutuellement à survivre. Ils pourraient ne pas survivre si l'un d'eux disparaissait.

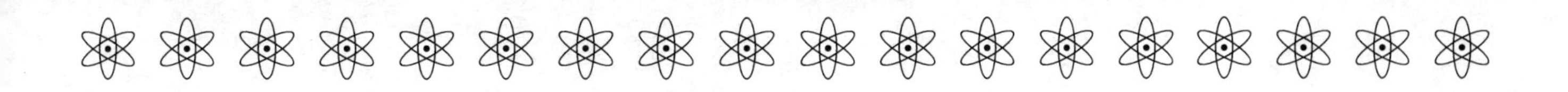

« Les communautés » - Penses-y!

1. Comment la communauté d'un habitat ressemble-t-elle à ta communauté scolaire?

____

____

____

____

2. Qu'est-ce qui est le plus important dans la communauté d'un habitat, les animaux ou les plantes? Ou sont-ils aussi importants les uns que les autres? Justifie ta réponse.

____

____

____

____

3. Choisis un habitat. Fais un dessin montrant au moins deux exemples des façons dont les animaux et les plantes de la communauté de cet habitat sont interdépendants. Ajoute des étiquettes à ton dessin.

Habitat : ______________________

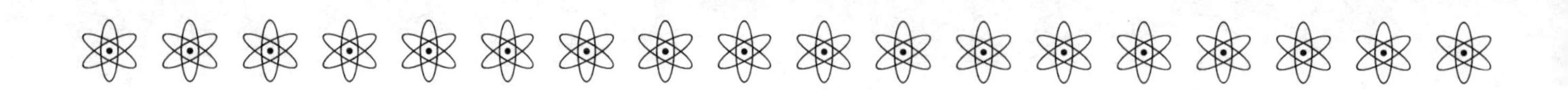

Les chaînes alimentaires

C'est une question d'énergie

Tous les organismes vivants ont besoin d'énergie. Les plantes ont besoin d'énergie pour croître. Les animaux et les êtres humains ont besoin d'énergie pour atteindre l'âge adulte. Ils ont aussi besoin d'énergie pour leurs mouvements et le bon fonctionnement de leur corps. Comment les plantes, les animaux et les êtres humains obtiennent-ils de l'énergie?

Les plantes ont besoin de la lumière solaire parce qu'elles obtiennent leur énergie du Soleil. Les animaux qui mangent des plantes obtiennent une partie de l'énergie que les plantes ont obtenue du Soleil.

Quand un animal mange une plante, l'énergie de la plante est transférée à l'animal. La girafe obtient de l'énergie des feuilles et des branches qu'elle mange. Si un lion mange la girafe, il prendra une partie de l'énergie que la girafe avait obtenue de sa nourriture.

Les êtres humains et certains animaux mangent des plantes et des animaux. Ils obtiennent donc de l'énergie d'eux. La lumière solaire est une source d'énergie. Le schéma ci-dessous montre comment l'énergie est transférée d'un être vivant à un autre. Cette énergie est transférée sous forme de nourriture.

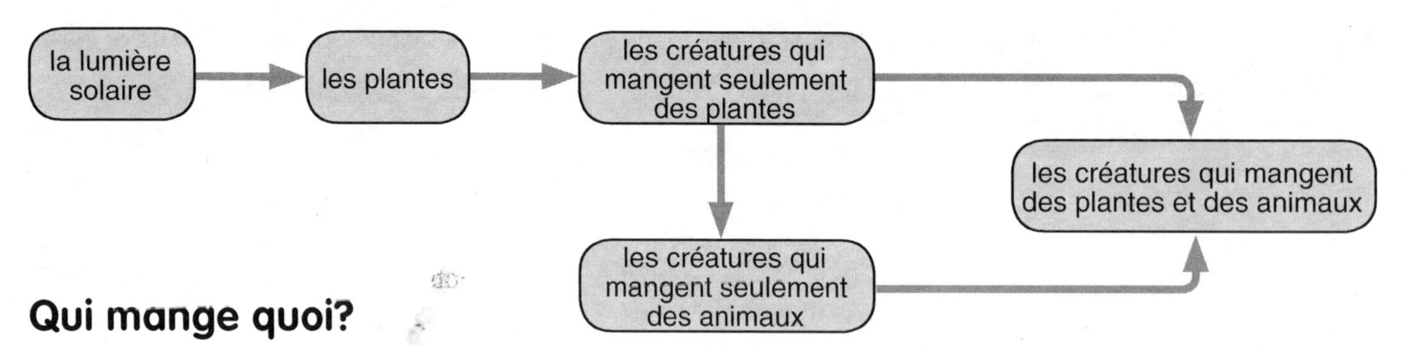

Qui mange quoi?

Une chaîne alimentaire indique le trajet que suit l'énergie lorsqu'elle passe d'un organisme vivant à un autre, à partir du Soleil. Par exemple :

1. l'herbe obtient de l'énergie de la lumière solaire;

2. la sauterelle mange l'herbe;

3. la grenouille mange la sauterelle;

4. le serpent mange la grenouille;

5. le hibou mange le serpent.

On peut faire un schéma qui montre cette chaîne alimentaire. Elle commence par la lumière solaire.

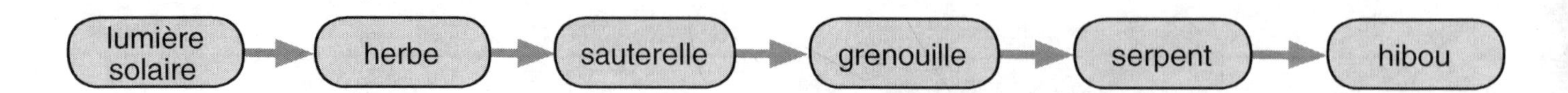

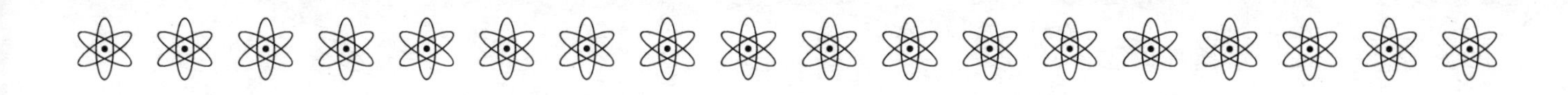

« Les chaînes alimentaires » - Penses-y!

1. Pourquoi la lumière solaire est-elle importante dans une chaîne alimentaire?

____

____

____

2. Examine la chaîne alimentaire au bas de la page 14. Que se passerait-il si les sauterelles disparaissaient? Pourquoi?

____

____

____

3. Remplis les cases de la chaîne alimentaire à l'aide de l'information ci-dessous. Écris chaque mot en caractères gras dans la case appropriée.

- Le **lapin** mange les feuilles de certaines plantes.
- Le **renard** mange des lapins.
- Une **plante** obtient de l'énergie du Soleil.
- La **lumière solaire** est une forme d'énergie.

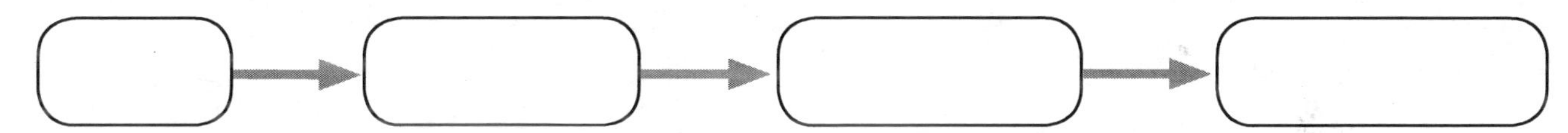

4. Lis le texte ci-dessous sur les animaux de l'Arctique. Puis sers-toi des mots en caractères gras pour remplir les cases de la chaîne alimentaire.

On trouve des crevettes dans l'eau glacée de l'Arctique. Elles mangent de minuscules organismes appelés « algues ». Plusieurs types d'algues sont de très petites plantes. Les ours polaires vont sur la glace pour chasser les phoques. Les phoques mangent beaucoup de poissons. Le froid ne dérange pas les poissons. Ils passent leur temps à chercher de la nourriture, telle que les crevettes.

algue **ours polaire** **crevette** **phoque** **lumière solaire** **poisson**

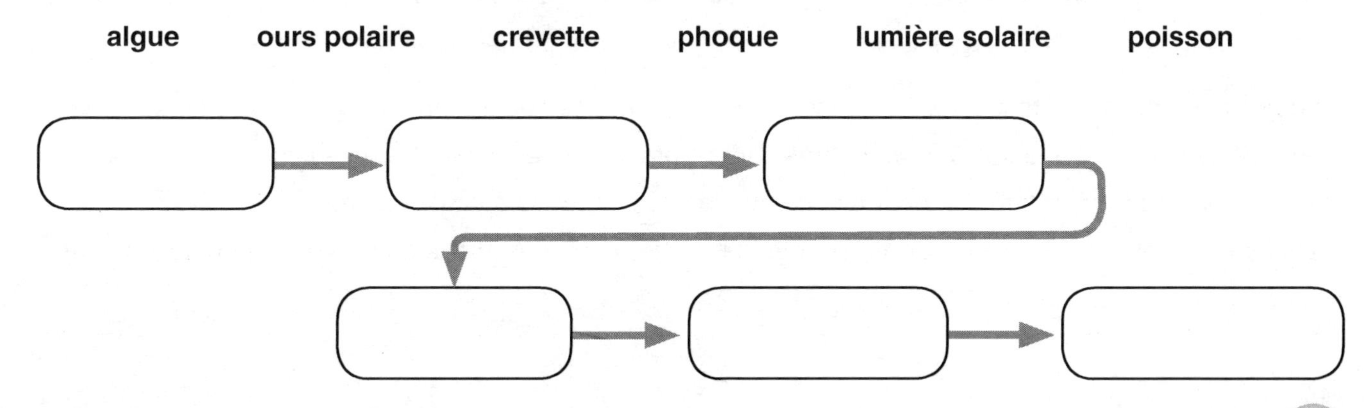

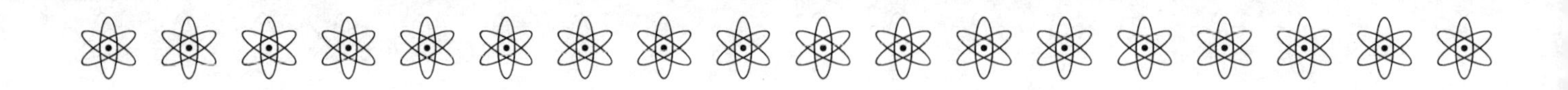

Producteurs, consommateurs et décomposeurs

Il y a trois catégories d'organismes vivants :

- *Les producteurs* - Les plantes sont des producteurs parce qu'elles utilisent l'énergie du Soleil pour créer la nourriture dont elles ont besoin. (*Produire* signifie fabriquer ou créer.)
- *Les consommateurs* - Les animaux sont des consommateurs. Ils ne peuvent pas fabriquer leur propre nourriture comme le font les plantes. Les animaux mangent plutôt des plantes ou d'autres animaux. Certains animaux mangent des deux. (*Consommer* signifie manger.)
- *Les décomposeurs* - Certains organismes vivants dégradent les plantes et les animaux morts en très petits morceaux. Ces morceaux se mêlent au sol. Les plantes les absorbent et, avec l'aide de la lumière solaire, fabriquent la nourriture dont elles ont besoin. Les champignons, les bactéries et les vers de terre sont des décomposeurs. (*Décomposer* signifie dégrader, faire de petits morceaux de quelque chose.)

Les organismes vivants d'une chaîne alimentaire sont tous des producteurs ou des consommateurs. Voici un exemple :

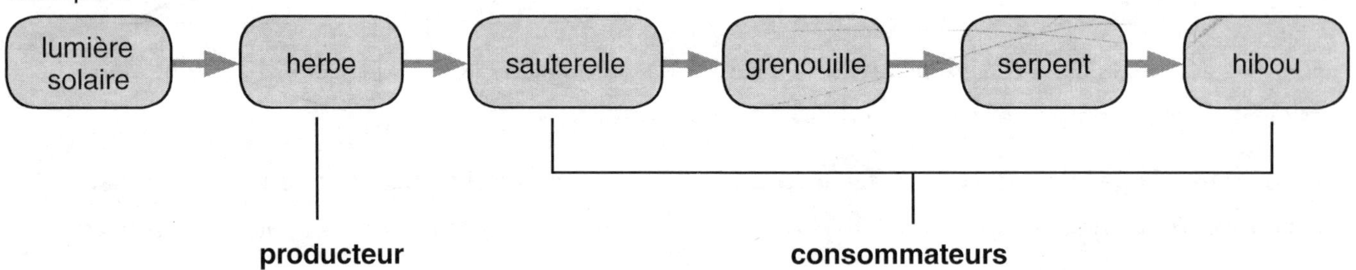

Et la lumière solaire? La lumière solaire n'est pas un organisme vivant, alors elle n'est ni un producteur, ni un consommateur, ni un décomposeur

Ouache! Des choses mortes!

Tu n'aimes probablement pas voir des plantes et des animaux morts, mais les décomposeurs s'en régalent. Et c'est une bonne chose! Les décomposeurs jouent un rôle important dans une chaîne alimentaire.

Examine la chaîne alimentaire plus haut. Quand des consommateurs meurent, une partie de leur corps est parfois mangée par des charognards (des charognards sont des animaux qui mangent des animaux morts). Les charognards laissent souvent des parties du corps qu'ils n'ont pas été capables de manger. Les décomposeurs commencent alors leur travail. Ils dégradent ces parties en très petits morceaux.

Certains décomposeurs font la même chose aux plantes mortes. Quand un organisme vivant meurt, les décomposeurs aident à le transformer en très petits morceaux que les plantes vivantes peuvent absorber pour fabriquer leur nourriture. On pourrait dire que les décomposeurs sont des organismes vivants qui recyclent les plantes et les animaux morts pour les transformer en quelque chose d'utile pour les plantes.

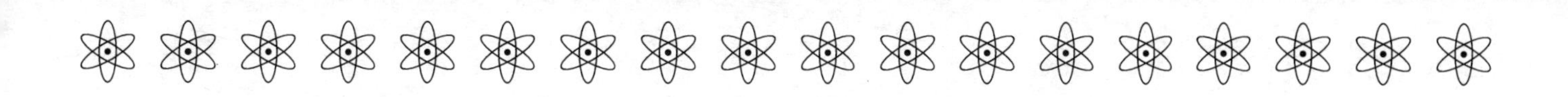

« Producteurs, consommateurs et décomposeurs » - Penses-y!

1. Encercle l'organisme vivant ci-dessous qui **n'est pas** un producteur. Puis explique ton choix.

tulipe **arbre** **pissenlit** **papillon** **carotte**

La ou le ____________________ n'est pas un producteur parce que ____________________

____

____

2. Pourquoi les décomposeurs sont-ils importants dans une chaîne alimentaire?

____

____

____

____

3. Pour chaque élément de la chaîne alimentaire ci-dessous, indique s'il s'agit d'un producteur (P) ou d'un consommateur (C).

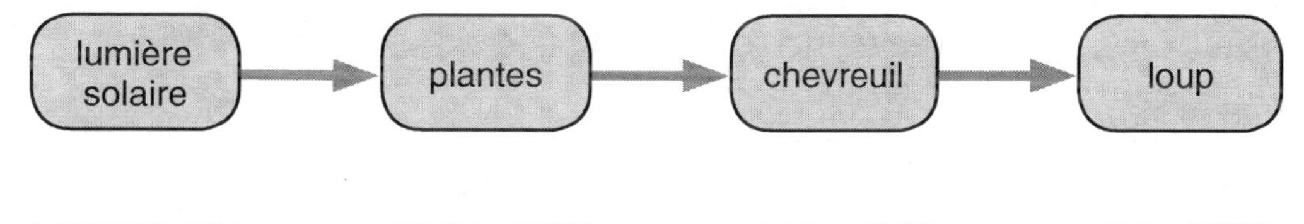

________ ________ ________ ________

4. Pourquoi la vie serait-elle difficile pour les animaux si les décomposeurs disparaissaient?

____

____

____

____

5. Écris « vrai » ou « faux » à côté de chaque énoncé.

a) Seuls les animaux qui mangent d'autres animaux sont des consommateurs. ____________

b) Les plantes n'ont besoin que de lumière solaire et d'eau pour survivre. ____________

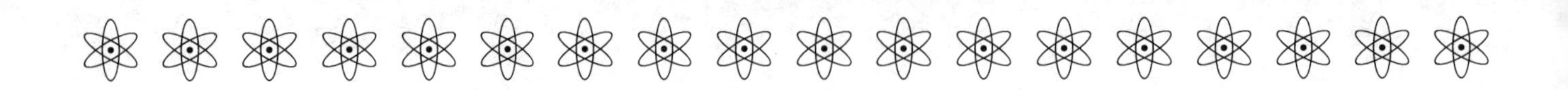

Qu'y a-t-il à manger?

On dit que les animaux sont des consommateurs parce qu'ils doivent trouver de la nourriture. Ils ne peuvent pas fabriquer leur propre nourriture. Les consommateurs peuvent être classés dans trois groupes, selon la nourriture qu'ils mangent.

Les carnivores

Un carnivore est un animal qui mange d'autres animaux. Beaucoup d'animaux sont des carnivores. En voici quelques exemples :

- Les lions mangent de gros mammifères tels que les zèbres, les buffles et les antilopes.
- La nourriture préférée des ours polaires est le phoque. Les ours mangent aussi d'autres animaux.
- Les grenouilles mangent des insectes, des vers de terre et des escargots.
- Les libellules mangent d'autres insectes.

Les herbivores

Les herbivores sont des animaux qui mangent des plantes. Certains herbivores mangent seulement de l'herbe et des feuilles. D'autres mangent des fleurs, des fruits, des graines ou même du bois. Voici quelques exemples d'herbivores :

- Les moutons mangent des feuilles et de l'herbe.
- Les éléphants mangent des feuilles, des brindilles et de l'écorce. Ils mangent aussi des fruits, des graines et des fleurs.
- Les abeilles se nourrissent du pollen et du nectar des fleurs.
- Les perroquets mangent des fruits et des noix.

Les omnivores

Un omnivore est un animal qui mange des plantes et des animaux. Lesquels de ces omnivores connais-tu?

- Les ours noirs mangent surtout des feuilles, des noix et des petits fruits. Ils mangent aussi des animaux tels que des fourmis, des abeilles, des saumons et des truites.
- Les merles d'Amérique mangent des vers de terre, des insectes et des petits fruits.
- Les mouffettes mangent des animaux tels que des insectes, des vers de terre et des grenouilles. Elles mangent aussi des petits fruits, des racines, des feuilles et des noix.
- Les tortues hargneuses mangent diverses plantes. Elles mangent aussi de petits poissons, des grenouilles, des insectes et des serpents.

Réfléchis bien

Les mots *carnivore, herbivore* et *omnivore* sont des noms dans le texte ci-dessus. Mais les mêmes mots sont parfois utilisés sous forme d'adjectifs (les lions sont carnivores).

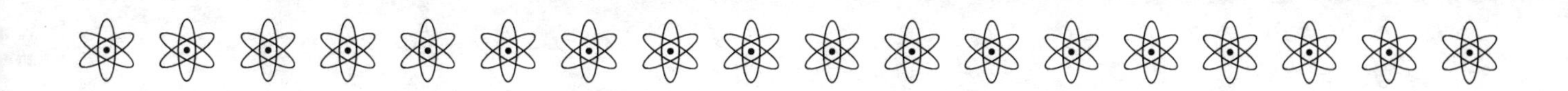

« Qu'y a-t-il à manger? » - Penses-y!

1. Écris le nom de chaque animal dans la partie appropriée du diagramme de Venn. Sers-toi de tes connaissances pour ajouter d'autres animaux dans chaque partie.

papillon chimpanzé chevreuil dauphin girafe cochon raton laveur requin serpent

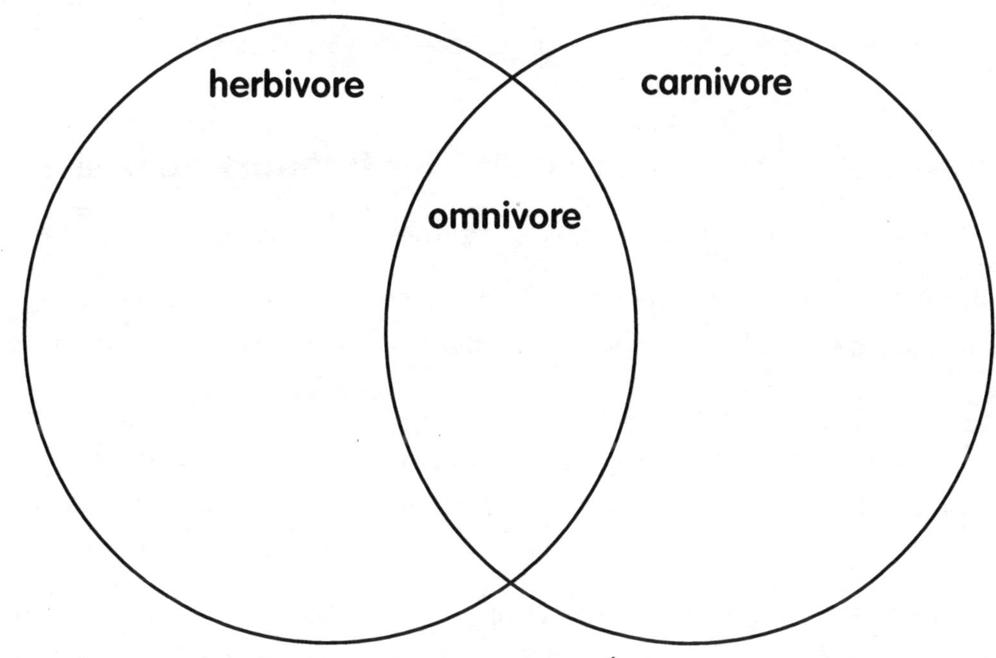

2. Quel type de consommateurs les êtres humains sont-ils? Écris « êtres humains » dans la partie appropriée du diagramme.

3. Complète les phrases en te servant des mots ci-dessous. Ajoute un **A** entre parenthèses si le mot est utilisé comme adjectif ou un **N** si le mot est utilisé comme nom.

herbivore omnivore carnivore

a) Les animaux ______________________ possèdent souvent des griffes acérées qui les aident à chasser d'autres animaux.

b) Le kangourou est un ______________________ dont la nourriture préférée est l'herbe.

c) Le renard roux est ______________________ parce qu'il mange des oiseaux et de petits mammifères ainsi que de petits fruits et de l'herbe.

d) Comme beaucoup d'animaux ______________________, le porc-épic mange des brindilles et des bourgeons ainsi que des feuilles.

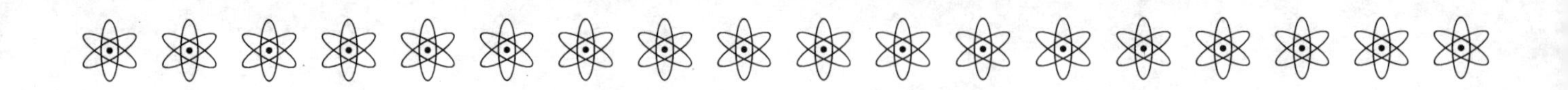

Les habitats naturels et les êtres humains

Qu'est-ce qu'un habitat naturel?

Un habitat naturel est un habitat qui n'a pas été créé par des êtres humains. Les déserts, les forêts, les rivières, les océans et les lacs, par exemple, sont des habitats naturels.

Les villes servent d'habitats à de nombreux organismes vivants. Des plantes, des insectes et des écureuils vivent dans les villes. Mais ce sont les êtres humains qui ont créé les villes. Les villes ne sont donc pas des habitats naturels.

En quoi les êtres humains dépendent-ils des habitats naturels?

Les êtres humains dépendent des habitats naturels. Voici certaines façons dont ces habitats nous sont utiles :

Bois et produits de papier : Ils proviennent des arbres qui poussent dans des forêts. Le bois est utilisé dans la construction de maisons et de meubles. Le bois sert aussi à fabriquer du papier, des essuie-tout et des mouchoirs en papier.

Oxygène : L'oxygène est une partie importante de l'air que nous respirons. Les êtres humains ne pourraient pas survivre sans oxygène. Les plantes et les arbres fabriquent de l'oxygène. Nous comptons donc sur nos forêts pour fabriquer de l'oxygène.

Nourriture : La majeure partie de notre nourriture provient de fermes. À certains endroits, les gens obtiennent leur nourriture directement de la nature. Ils chassent des animaux. Ils cueillent des plantes.

Contrôle des inondations : Quand il pleut beaucoup, il peut y avoir des inondations. La pluie tombe dans les rivières et les ruisseaux, qui peuvent alors déborder. Les inondations peuvent endommager les maisons et détruire les récoltes. Les zones humides, telles que les marécages et les marais, aident à contrôler les inondations. Les plantes qui y poussent agissent comme des éponges et absorbent une grande partie de l'eau. Sans les zones humides, les inondations causeraient encore plus de dommages.

Médicaments : Beaucoup des ingrédients utilisés dans la fabrication des médicaments proviennent de plantes. Une grande partie de ces plantes ne se trouvent que dans des habitats naturels, comme les forêts. L'écorce du saule, par exemple, soulage la douleur. On l'utilise dans la fabrication des comprimés Aspirin^MD. On découvre toujours de nouvelles plantes. Certaines d'entre elles pourraient servir dans la fabrication de médicaments.

Activités récréatives : Les habitats naturels procurent des occasions de s'amuser. Les descentes en eau vive se font sur des rivières. Pour faire du ski alpin, on a besoin de montagnes. On peut nager et faire de la voile et du ski nautique dans un lac. Beaucoup de gens aiment faire des randonnées ou du camping dans les forêts. Pour faire ces activités, on a besoin d'habitats naturels.

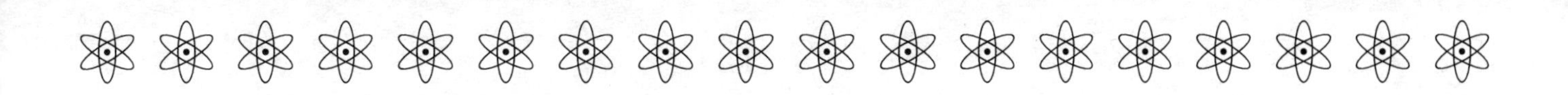

« Les habitats naturels et les êtres humains » - Penses-y!

1. Une ferme est-elle un habitat naturel? Pourquoi? ______________________________

____

____

____

____

2. En quoi le recyclage des produits de papier aide-t-il les habitats que forment les forêts?

____

____

____

____

3. Dessine une activité que tu aimes faire dans un habitat naturel ou une activité que tu n'as jamais faite, mais que tu aimerais essayer. Ajoute des étiquettes à ton dessin.

Habitat : ______________________________

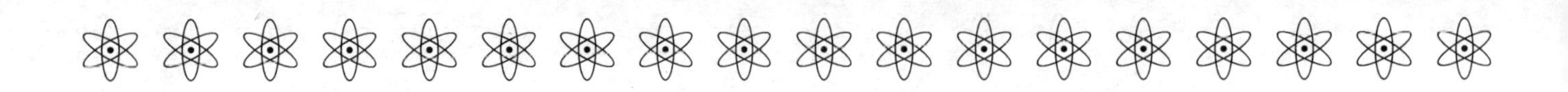

Un habitat pour satisfaire ses besoins

Certains animaux peuvent vivre dans différents habitats. Les ratons laveurs, par exemple, peuvent vivre dans les villes, les marécages ou les forêts. Ils n'ont pas de besoins particuliers. Ils peuvent manger divers types de nourriture et peuvent bâtir leurs maisons dans divers endroits, comme dans un arbre creux ou encore le sous-sol ou le grenier d'une maison.

D'autres animaux ont des besoins particuliers. Ils ne peuvent vivre que dans des habitats qui répondent à leurs besoins. Le panda géant, par exemple, mange seulement du bambou. Il doit donc vivre dans un habitat où pousse le bambou.

Il en est de même pour les plantes. Certaines peuvent vivre dans différents habitats. Le pissenlit, par exemple, n'a pas de besoins particuliers. Il peut pousser dans les forêts, sur des collines rocheuses ou dans des jardins.

D'autres plantes ne peuvent croître que dans certains endroits. Le cactus, par exemple, a besoin d'un habitat qui reste chaud toute l'année. Le cactus ne peut pas survivre là où il fait froid.

Penses-y!

1. Le koala se nourrit exclusivement des feuilles de l'eucalyptus. Qu'arriverait-il si son habitat était détruit? Pourquoi?

____

____

____

____

____

2. Si un habitat change, quelles espèces de plantes et d'animaux seront les plus touchées? Explique ta réponse.

____

____

____

____

____

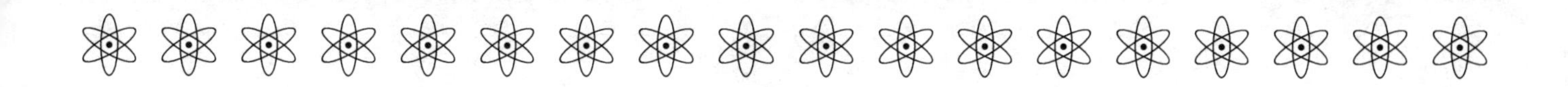

Mots cachés - Les habitats

Complète les phrases, puis trouve les réponses dans la grille de mots cachés.

1. Le milieu où vit une plante ou un animal est son ______________________________.

2. Une ______________________________ est un changement structurel qui permet à un animal de survivre. Ce changement se produit sur une longue période de temps.

3. Les plantes et les animaux qui vivent dans un habitat forment la ____________________ de l'habitat.

4. Une ____________________ alimentaire montre le transfert de l'énergie d'un être vivant à un autre.

5. Un ____________________________ dégrade les plantes et les animaux morts.

6. Un ____________________________ est un animal qui mange d'autres animaux.

Trouve aussi, dans la grille, ces mots reliés aux habitats :

désert **êtres** **nourriture**	**humains** **océan** **plante**	**pollution** **étang** **producteur**	**animal** **survivre** **arbre**

D	E	C	O	M	P	O	S	E	U	R	A	Z
K	G	H	E	A	L	A	M	I	N	A	R	H
E	D	A	T	H	A	B	I	T	A	T	B	J
R	N	I	R	S	N	I	A	M	U	H	R	O
O	A	N	E	I	T	X	T	R	E	S	E	D
V	E	E	S	J	E	R	V	I	V	R	U	S
I	C	R	U	E	T	C	U	D	O	R	P	E
N	O	U	R	R	I	T	U	R	E	W	S	T
R	Z	Y	N	O	I	T	A	T	P	A	D	A
A	P	G	H	P	O	L	L	U	T	I	O	N
C	O	M	M	U	N	A	U	T	E	X	W	G

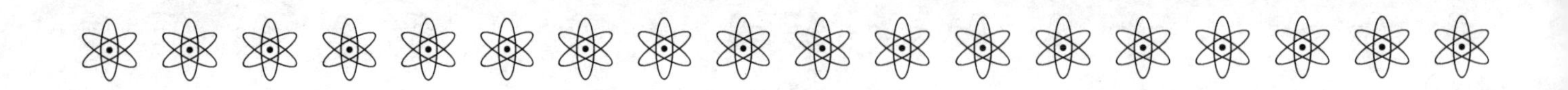

Qu'est-ce qu'une poulie?

Les machines nous rendent la vie plus facile. Elles nous permettent d'effectuer des tâches avec beaucoup moins d'effort. Pense à un ascenseur, par exemple. Pour l'utiliser, tu y entres et tu appuies sur un bouton. Tu en sors quand tu atteins l'étage voulu. Maintenant, pense à un escalier. Il faut beaucoup plus d'effort et de temps pour monter un escalier.

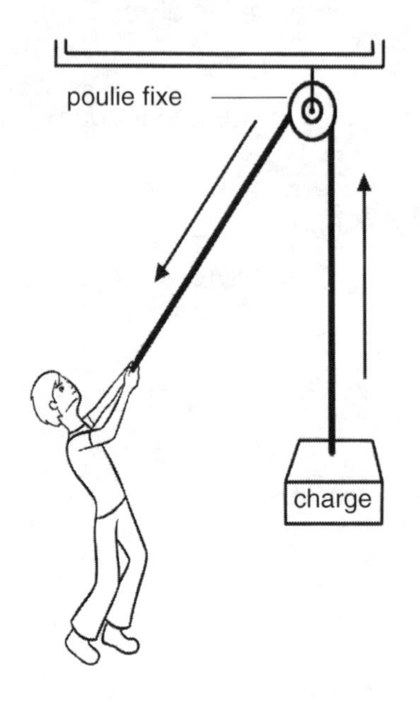

L'objet que la poulie soulève s'appelle « charge ».

Les machines nous épargnent du temps et des efforts. Elles ne sont pas toutes compliquées. Certaines sont même très simples. Une roue est une machine simple. Les roues nous aident à transporter plus facilement des charges lourdes. Les meubles montés sur de petites roues sont plus faciles à déplacer.

Une poulie est une machine simple comportant une roue avec une gorge à l'extérieur. Une corde ou un câble est placé dans la gorge. La roue permet de faire bouger la corde.

Tu peux placer une poulie au-dessus d'un objet lourd que tu veux soulever. Tu tires sur la corde pour soulever l'objet. Il est plus facile de soulever un objet en tirant vers le bas qu'en tirant vers le haut. Quand tu tires vers le bas, tu peux te servir du poids de ton corps pour exercer une plus grande force.

La poulie fixe

La poulie du haut, à droite, est une poulie fixe. Elle ne se déplace pas.

Tes muscles exercent une force pour déplacer quelque chose. Quand tu soulèves un objet sans utiliser une machine, la force est dirigée vers le haut. Une poulie simple change la direction de la force. La personne dans l'image tire la corde vers le bas, mais l'objet monte.

La poulie mobile

Une poulie mobile change de position. Elle n'est pas fixée à une structure. La poulie mobile montrée ici monte quand on tire sur la corde. Il faut moins de force pour soulever un objet avec une poulie mobile qu'avec une poulie fixe.

Une poulie composée comporte au moins deux poulies. L'image ci-contre montre une poulie composée.

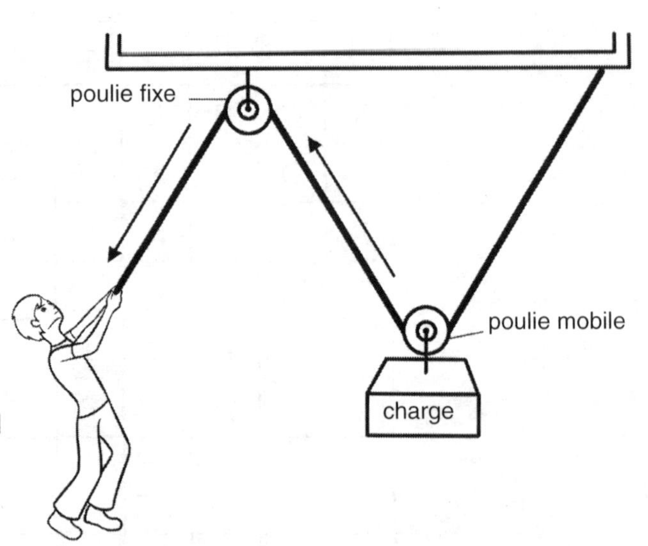

Une poulie composée. Quand on tire sur la corde, la poulie mobile monte.

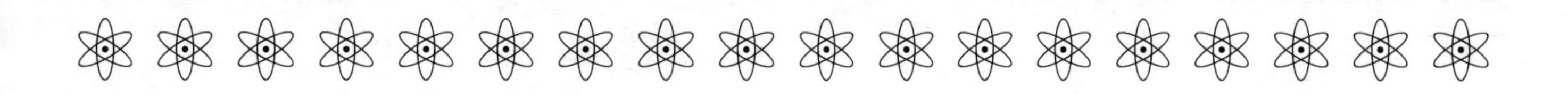

« Qu'est-ce qu'une poulie? » - Penses-y!

1. Imagine une poulie mobile à laquelle est attachée une charge. Dans quelle direction dois-tu tirer sur la corde pour soulever la charge?

2. Regarde l'image au bas de la page 24. Dans quelle direction dois-tu tirer la corde pour soulever la charge?

3. Donne deux avantages d'une poulie composée comme celle de la page 24.

4. Explique une façon dont tu utilises une machine simple dans ta vie de tous les jours.

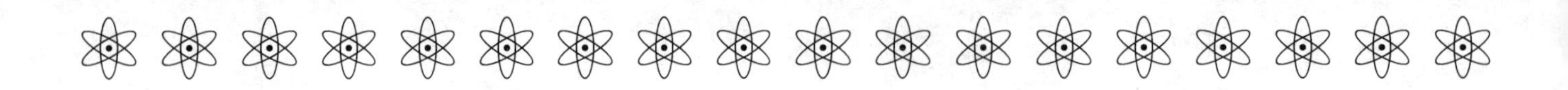

Expérience : Fabrique une poulie simple

Au cours de cette expérience, tu vas voir si une poulie te permet de soulever plus facilement une charge. Un manche de balai servira de poulie.

Tu as besoin

- d'une cruche de plastique à moitié remplie d'eau, avec un bouchon que tu peux visser
- d'un manche de balai
- d'une petite corde ou d'une ficelle très solide de 100 cm de long
- de deux chaises dont les sièges sont de la même hauteur
- de ruban adhésif en toile
- d'une règle

Marche à suivre

1. Attache la corde ou la ficelle à la poignée de la cruche.
2. Place les deux chaises à 50 cm l'une de l'autre.
3. Fixe le manche de balai aux sièges avec du ruban adhésif en toile.
4. Demande à ta ou ton partenaire de tenir une règle à côté de la cruche. Tire sur la corde pour soulever la cruche à 30 cm du sol.
5. Place la cruche sous le manche de balai et place la corde sur le manche. Tire sur la corde vers le bas pour soulever la cruche à 30 cm du sol.
6. Quelle méthode exige le moins d'effort?

Penses-y!

Le manche de balai fonctionne comme une poulie. S'agit-il d'une poulie fixe ou d'une poulie mobile? Pourquoi penses-tu cela?

____

____

____

____

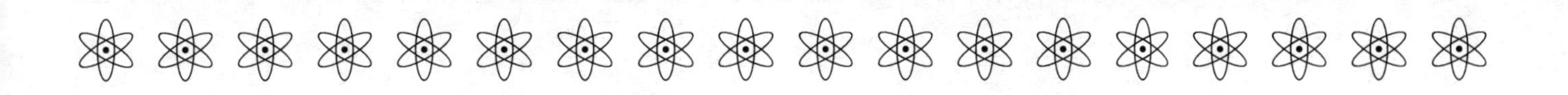

Expérience : Fabrique une poulie mobile

Tente cette expérience pour voir comment fonctionne une poulie mobile.

Tu as besoin

- d'un gros trombone solide
- de deux bouts de ficelle, l'un de 30 cm, et l'autre de 1 m
- d'une cuillère
- de ruban-cache
- d'une table

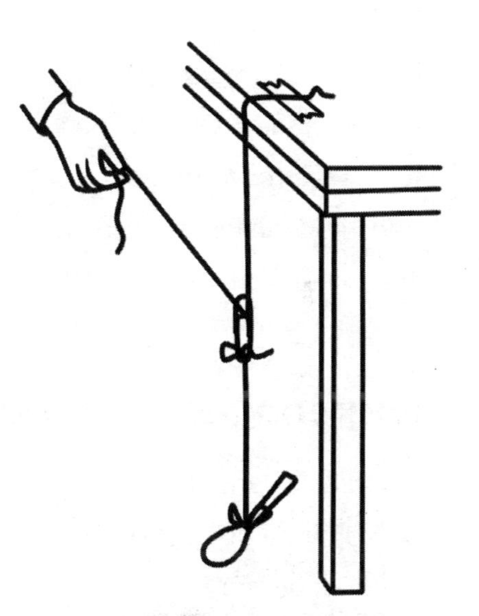

Marche à suivre

1. Attache une extrémité de la ficelle de 30 cm à une cuillère. Attache l'autre extrémité au trombone.
2. Fixe une extrémité de la ficelle de 1 m à la table avec du ruban-cache. Fais passer l'autre extrémité dans le trombone.
3. Tire sur la ficelle pour soulever la cuillère.
4. Remarque ce qui arrive au trombone quand tu tires sur la ficelle.

Penses-y!

1. Qu'est-ce qui est arrivé au trombone quand tu tirais sur la ficelle? Pourquoi?

____

____

____

2. Imagine que tu veux soulever un livre très lourd. Qu'est-ce qui changerait dans cette expérience? Pourquoi?

____

____

____

____

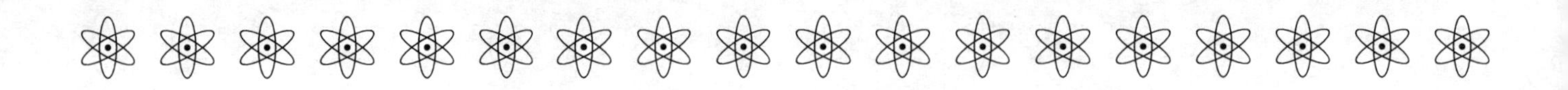

Qu'est-ce qu'un engrenage?

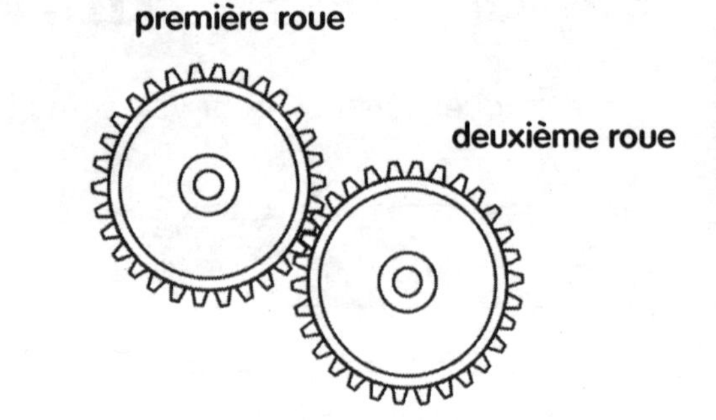

Un engrenage est un mécanisme qui se compose d'au moins deux roues dentées. Les dents d'une des roues s'insèrent entre les dents de l'autre.

Quand une roue tourne, elle fait tourner l'autre. La deuxième roue tourne dans la direction opposée à celle de la première roue. Essaie d'imaginer ces mouvements en regardant l'image à droite.

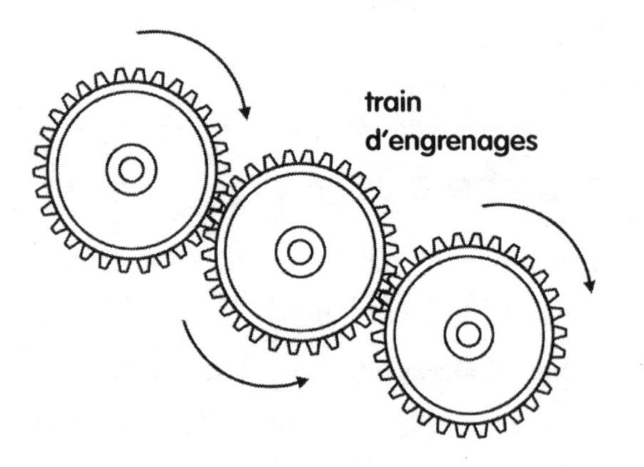

Lorsque plusieurs roues sont reliées, elles forment un train d'engrenages. Quand une force fait tourner l'une des roues, toutes les roues du train d'engrenages tournent. Chacune tourne dans la direction opposée à celle de la roue voisine.

Engrenages et vitesse

Quand on parle de vitesse, on parle de la distance que peut parcourir quelque chose dans une période de temps donnée. On peut utiliser les engrenages pour modifier la vitesse du mouvement. Quand une roue est reliée à une autre roue de taille différente, les deux roues vont tourner à des vitesses différentes.

Roues cylindriques de tailles différentes

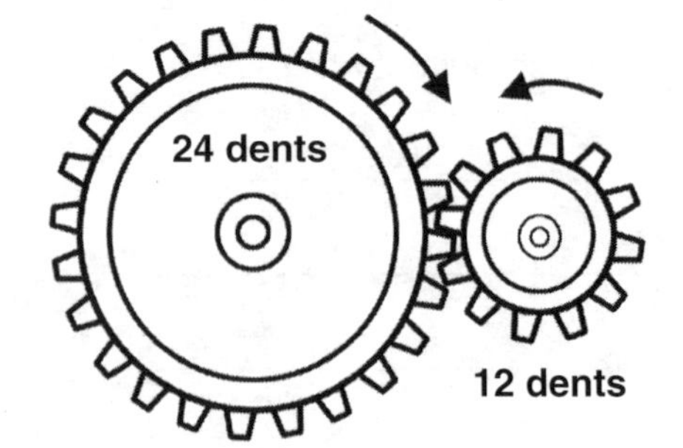

Regarde les deux roues à droite. Quand la grosse roue tourne, elle fait tourner la petite roue. La petite roue va tourner plus vite que la grosse roue. Pourquoi?

Chaque dent de la grosse roue fait bouger une dent de la petite roue. Quand la grosse roue aura fait un demi-tour, la petite roue aura fait un tour complet. La petite roue tourne deux fois plus vite que la grosse roue parce qu'elle a la moitié des dents de la grosse roue.

En utilisant des roues de tailles différentes, on peut modifier la vitesse du mouvement.

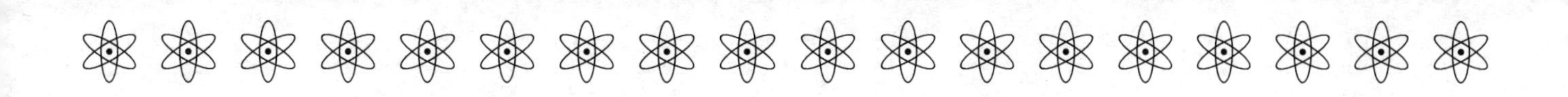

« Qu'est-ce qu'un engrenage? » - Penses-y!

1. Regarde les trains d'engrenages ci-dessous. Dessine une flèche montrant la direction de chaque roue.

a) Cinq roues placées l'une à côté de l'autre. Une flèche montre que la roue du milieu tourne dans le sens inverse des aiguilles d'une montre.

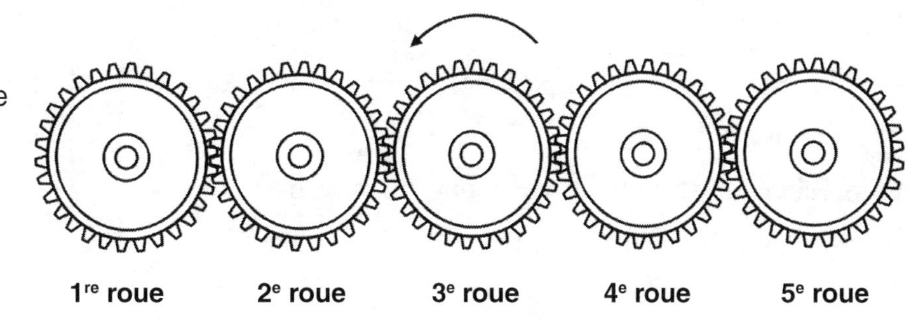

b) Trois roues l'une à côté de l'autre, avec une quatrième roue directement sous la roue du milieu. Les roues sont toutes de la même taille. Une flèche montre que la quatrième roue tourne dans le sens des aiguilles d'une montre.

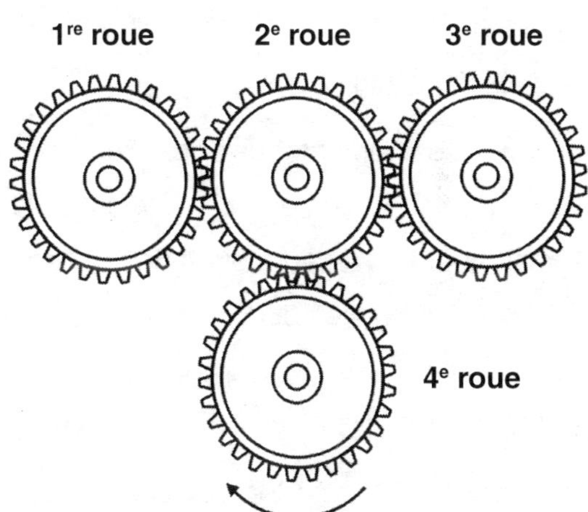

2. Dans ce train d'engrenages, une petite roue fait tourner une grande roue. La grande roue tourne-t-elle plus vite ou plus lentement que la petite? Pourquoi?

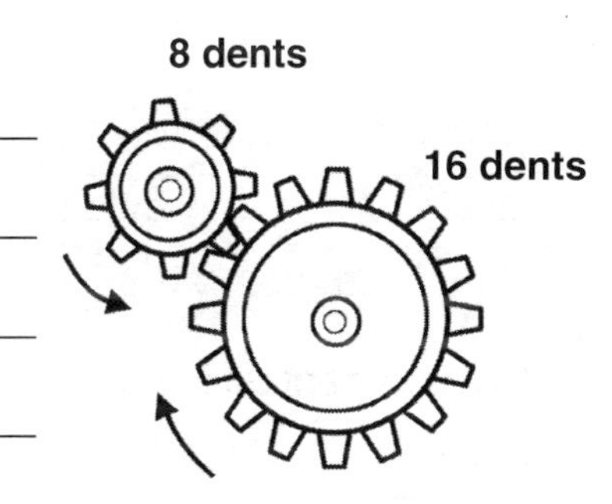

____

____

____

____

3. Regarde l'image au bas de la page 28. Quand la petite roue a fait trois tours, combien de tours a faits la grande roue? Comment le sais-tu?

____

____

____

____

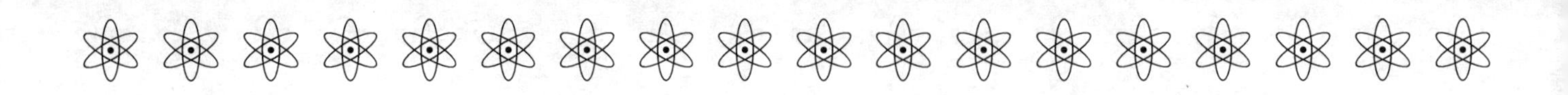

Poulies et engrenages dans ton quotidien

Les machines peuvent faciliter le travail. Beaucoup de machines font appel à des poulies et des engrenages. Prendre un ascenseur est plus facile que monter un escalier. Un ascenseur fonctionne au moyen de poulies et d'engrenages.

Les sécheuses sèchent les vêtements au moyen de poulies et d'engrenages. Sur une corde à linge, les vêtements sèchent grâce au soleil et au vent. Mais une corde à linge fonctionne aussi au moyen de poulies. Ces poulies te permettent d'accrocher les vêtements à la corde sans te déplacer.

Les voitures, les autobus et les vélos permettent aux gens de se déplacer d'un endroit à un autre. Ces machines fonctionnent aussi au moyen de poulies et d'engrenages. Beaucoup de machines chez toi font également appel à des poulies et des engrenages.

Penses-y!

1. Regarde la corde à linge et ses poulies. Pourquoi faut-il deux poulies pour une corde à linge?

____

____

2. Les poulies et les engrenages font bouger les objets. Pourquoi une sécheuse a-t-elle besoin de poulies et d'engrenages?

____

____

3. Il faut une ou deux poulies pour faire monter et descendre un drapeau sur un mât. Les poulies sont utiles quand il s'agit de soulever de lourds objets. Un drapeau n'est pas lourd. Pourquoi un mât porte-drapeau comporte-t-il des poulies?

____

____

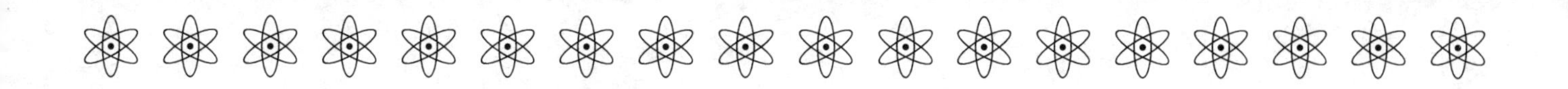

Deux façons de conserver l'énergie

Les machines nous facilitent la vie, mais elles ont besoin d'énergie pour fonctionner. Une motocyclette a besoin d'essence, un lave-vaisselle a besoin d'électricité, et un vélo a besoin de la force musculaire.

Il est important de conserver l'énergie parce que cela permet de faire des économies et de réduire la pollution. Mais nous avons besoin de machines. Elles nous aident à voyager plus loin et plus vite. Elles nous aident à construire des routes et à laver nos vêtements. Elles peuvent faire le travail de plusieurs personnes fortes.

Il y a plusieurs façon de conserver l'énergie. On peut utiliser des machines plus efficaces ou on peut se servir de notre énergie musculaire. Les muscles ne produisent pas de pollution.

Certaines personnes font les deux. Imagine une famille de six personnes. Elle a beaucoup de vêtements à laver. La famille peut utiliser une sécheuse efficace pour conserver l'énergie, et elle peut accrocher les vêtements à l'extérieur quand il fait soleil.

Réfléchis bien

Sur une autre feuille de papier, conçois une affiche qui donne des conseils sur les façons de conserver l'énergie. Sers-toi de la liste ci-dessous pour vérifier ta production finale.

- ❑ Mon affiche est bien organisée.
- ❑ Chaque conseil est facile à lire et à comprendre.
- ❑ Mon affiche comporte des images ou des diagrammes.
- ❑ J'ai vérifié l'orthographe.
- ❑ J'ai vérifié la ponctuation.

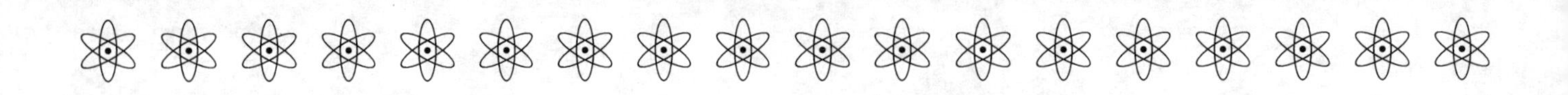

« Deux façons de conserver l'énergie » - Penses-y!

Lis les histoires ci-dessous. Réfléchis aux besoins de chaque personne. Comment ces personnes peuvent-elles conserver l'énergie?

1. Mme Pétrov se rend au travail en voiture. Il y a un arrêt d'autobus près de chez elle, mais l'autobus ne passe pas très souvent. Ce n'est pas agréable d'attendre l'autobus pendant l'hiver. Comment Mme Pétrov pourrait-elle conserver l'énergie?

2. M. Chabot possède un petit immeuble à appartements de quatre étages. Il veut que les gens conservent l'énergie. Un écriteau près de l'ascenseur dit ceci : « Veuillez utiliser l'escalier ». Mme Laflèche se déplace dans un fauteuil roulant. Elle doit donc utiliser l'ascenseur. Elle s'en veut de ne pas pouvoir conserver l'énergie de cette façon. Conçois un autre écriteau qui ne la blessera pas.

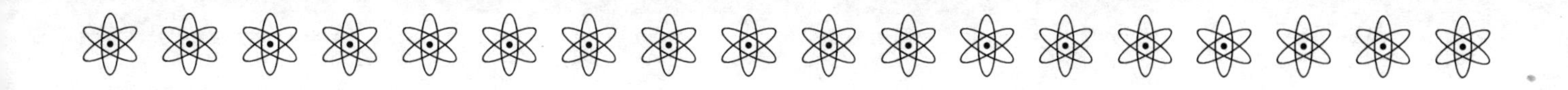

Dans des directions opposées

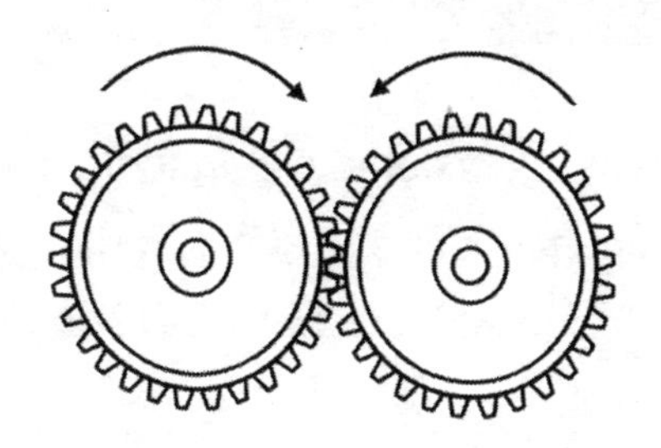

Les poulies et les engrenages peuvent changer la direction d'un mouvement. Dans un train d'engrenages, plusieurs roues se touchent. Chacune tourne dans la direction opposée à celle de ses voisines.

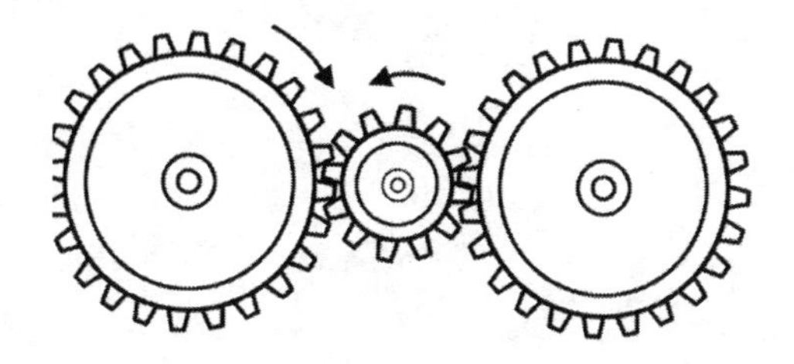

Imagine une machine qui comporte des roues comme celles ci-dessus. Mais il y a un problème : on veut que les deux roues tournent dans la même direction. Comment régler ce problème?

En fait, le problème n'est pas difficile à régler. Il suffit d'insérer une autre roue entre les deux premières.

On peut relier deux poulies avec une courroie ou une chaîne. On appelle *entraînement* ce type de système. Les deux poulies tournent dans la même direction.

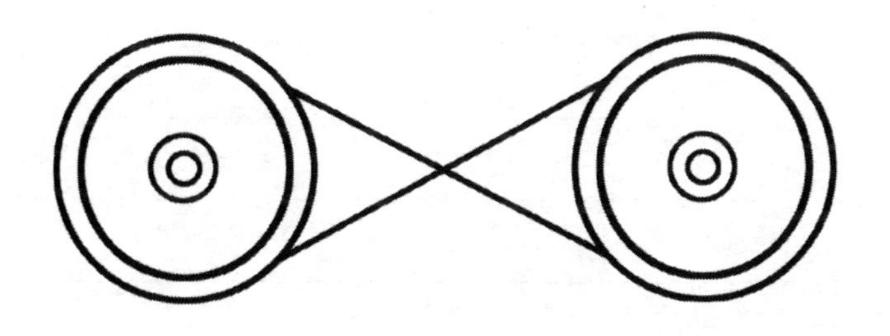

Si les deux brins de la courroie qui relie les poulies se croisent entre les deux, les poulies tourneront dans des directions opposées.

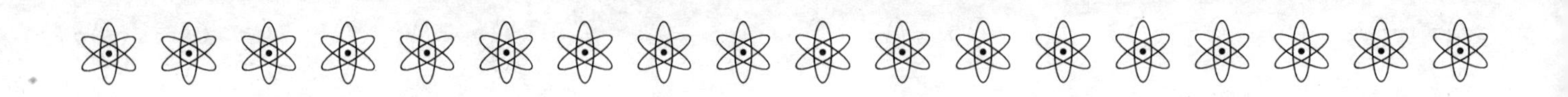

« Dans des directions opposées » - Penses-y!

1. Dans ce système d'entraînement, une courroie relie quatre poulies. L'image montre la direction dans laquelle tourne la poulie A. Et tu peux voir que les deux brins de la courroie se croisent près de la poulie B.

a) La poulie B tournera-t-elle dans le sens des aiguilles d'une montre ou dans le sens inverse? Pourquoi?

____

____

____

____

b) Dans quelle direction la poulie D tournera-t-elle? Pourquoi?

____

____

____

2. Lison et Maxime font une expérience avec un engrenage. Ils se demandent ce qui se passerait si un train d'engrenages avait la forme d'un cercle. Les roues d'un tel train d'engrenages ne pourraient pas tourner!

a) Quel est le problème? (**Indice** : Remarque la direction dans laquelle chaque roue tournerait.)

____

____

____

____

b) Quel changement pourrait résoudre le problème?

____

____

____

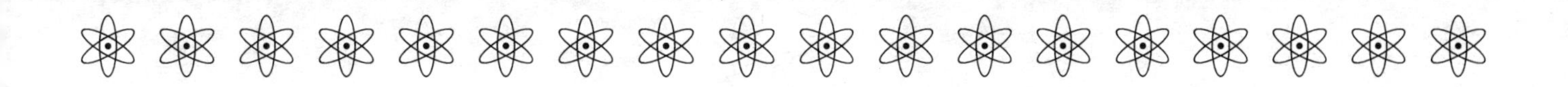

Changement de direction : Engrenages coniques

Un *engrenage droit* comporte des roues entourées de dents. Dans ce type d'engrenage, les roues sont placées l'une à côté de l'autre, soit à l'horizontale, soit à la verticale. Un ouvre-boîte fait appel à un engrenage droit.

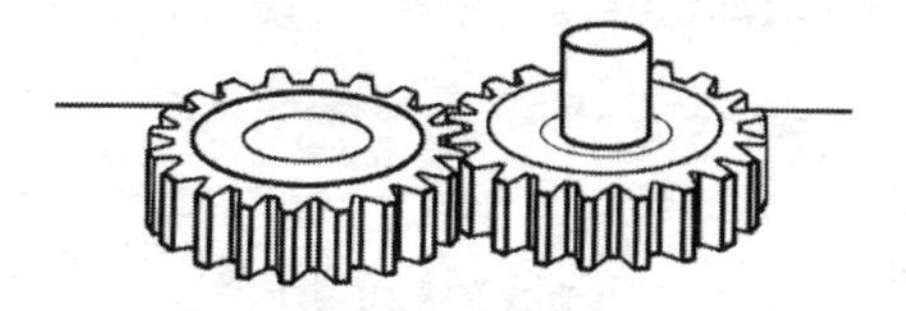

mouvement horizontal

Certains engrenages peuvent changer la direction d'un mouvement. Un *engrenage conique* peut changer un mouvement vertical en un mouvement horizontal.

Les dents de ses roues, qui forment un angle, sont inclinées. La roue inférieure tourne à l'horizontale, et la roue supérieure tourne à la verticale.

La marmite ci-dessous fait appel à un engrenage conique. On tourne sa manivelle verticalement. L'engrenage change la direction du mouvement, qui devient un mouvement horizontal. Cela fait tourner à l'horizontale le batteur qui se trouve à l'intérieur.

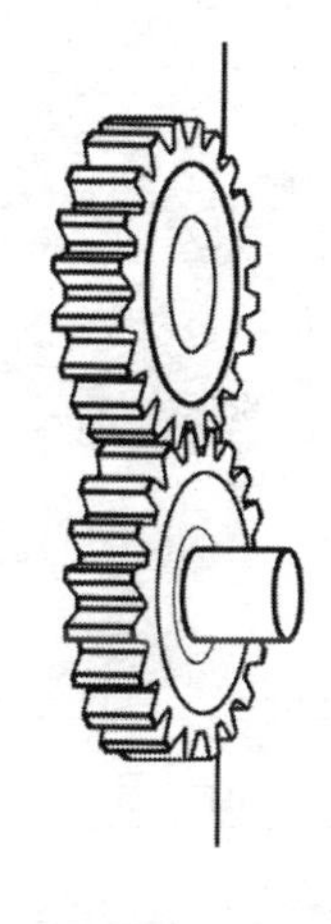

mouvement vertical

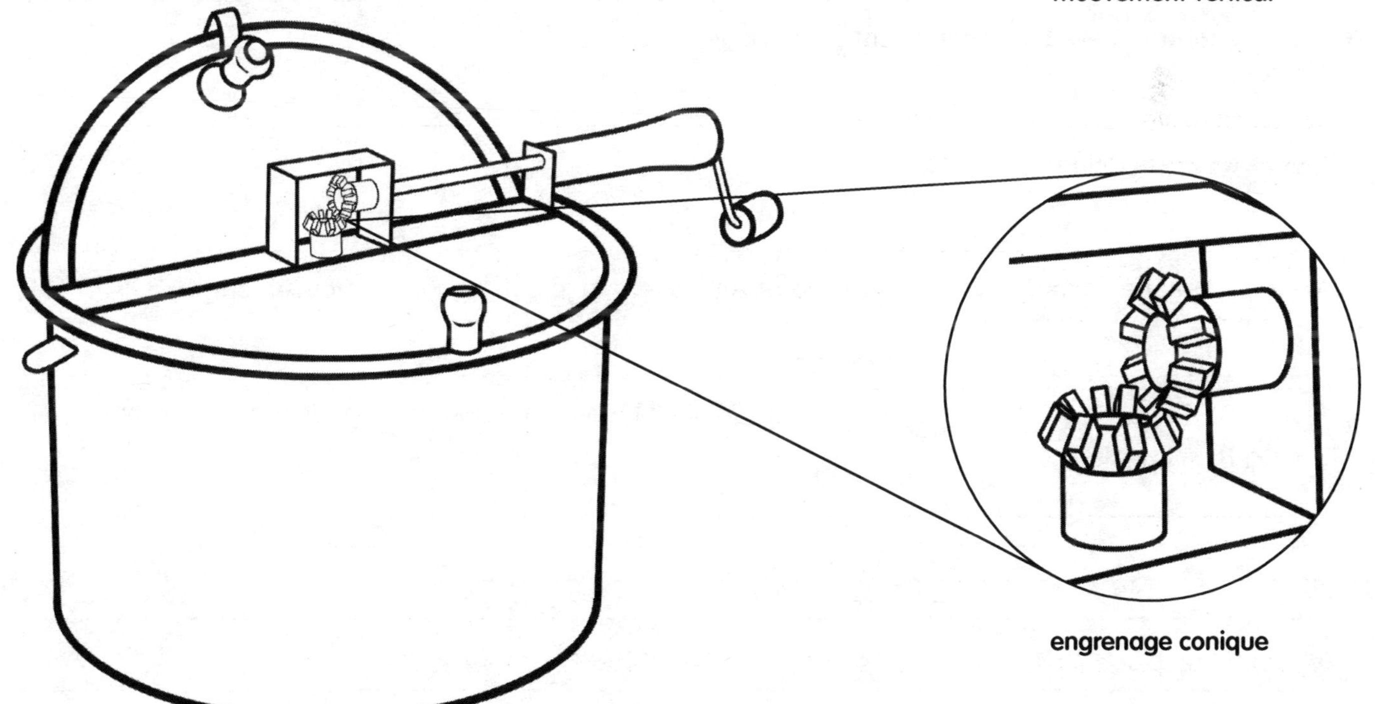

engrenage conique

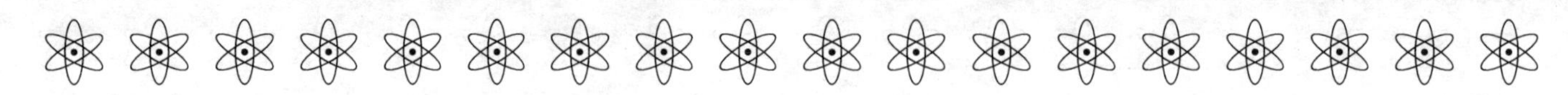

Moulins à vent

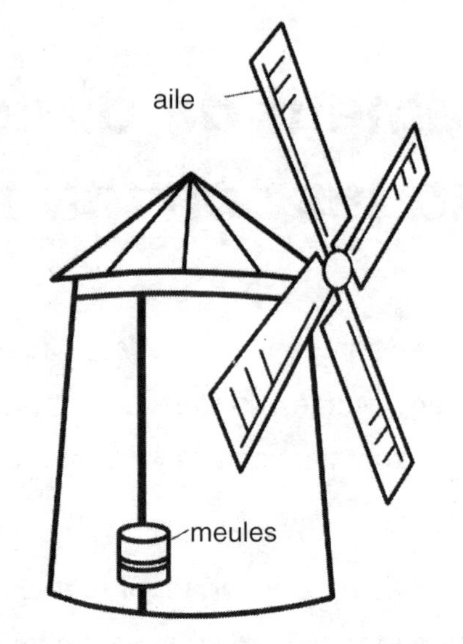

On utilisait autrefois les moulins à vent pour moudre le grain. Le vent faisait tourner les ailes. Le mouvement des ailes faisait tourner un poteau fixé à une grosse pierre appelée « meule ». Une autre pierre placée sous la meule restait immobile. Le grain était placé entre les pierres. La meule, en tournant, broyait le grain.

« Changement de direction : Engrenages coniques » - Penses-y!

Sers-toi de l'image au haut de la page pour répondre aux questions.

1. Quelle force fait tourner les ailes du moulin?

____

2. Les ailes tournent-elles horizontalement ou verticalement?

____

3. La meule tourne-t-elle horizontalement ou verticalement?

____

4. Quelle force fait tourner la meule?

____

5. Pour faire tourner la meule, le moulin fait appel à un engrenage qui change un mouvement

____________________ en un mouvement ____________________.

6. Quel type d'engrenage utilise-t-on dans un moulin à vent, un engrenage droit ou un engrenage conique? Explique ta réponse.

____

____

____

____

____

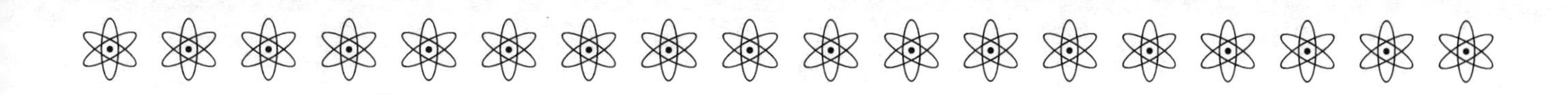

Changement de direction : Les roues à vis sans fin

Les roues d'un engrenage droit et d'un engrenage conique ont plusieurs dents. Une roue à vis sans fin n'a qu'une dent. Cette dent s'enroule autour d'une tige, comme le fait le filetage d'une vis ordinaire. On peut utiliser une roue à vis sans fin pour faire tourner une roue droite.

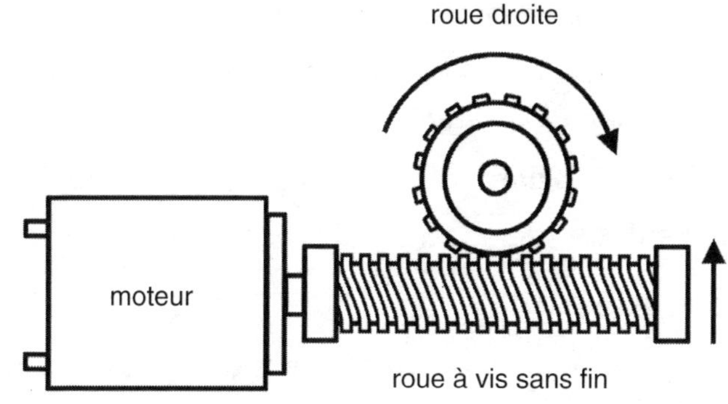

L'image de droite montre un moteur qui fait tourner une roue à vis sans fin qui, elle, fait tourner une roue droite. Les deux roues forment un angle. (Remarque la direction des flèches.)

On peut utiliser une roue à vis sans fin pour faire tourner une roue droite, mais on ne peut pas utiliser une roue droite pour faire tourner une vis sans fin. La friction empêcherait les roues de tourner.

Cette horloge jouet aide les jeunes enfants à donner l'heure. En faisant tourner le bouton au sommet, on peut déplacer les aiguilles afin d'indiquer l'heure voulue. Ce jouet fait appel à un engrenage comportant une roue à vis sans fin et des roues droites.

Penses-y!

1. Quelle est la force qui fait tourner les aiguilles de l'horloge?

____

2. Le bouton au sommet fait-il tourner une roue droite ou une roue à vis sans fin? Comment le sais-tu?

____

____

3. Pourrait-on utiliser des roues coniques plutôt qu'une roue à vis sans fin? Explique ta réponse.

____

____

4. Le mouvement change-t-il de direction dans ce jouet? Explique ce qui se produit.

____

____

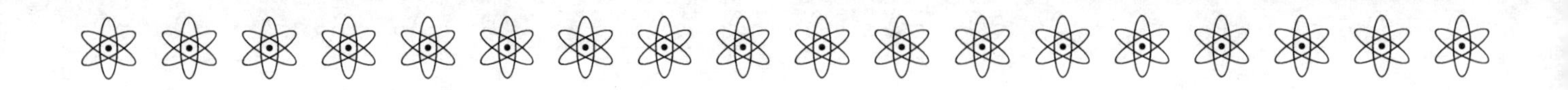

Changement de direction : Engrenage à crémaillère

Qu'est-ce qu'un *engrenage à crémaillère*? Ce type d'engrenage comporte deux éléments : le pignon et la crémaillère. Le pignon est une roue droite. La crémaillère est une barre droite dont une des faces porte une série de dents. Les dents du pignon s'insèrent dans celles de la crémaillère.

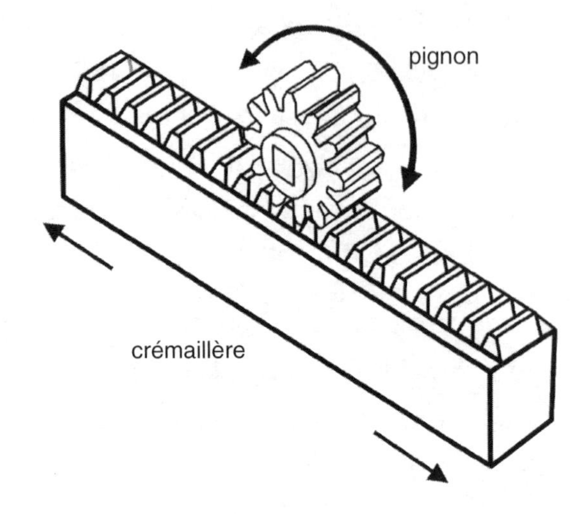

Le pignon se déplace dans le sens des aiguilles d'une montre et dans le sens inverse pour déplacer la crémaillère d'un côté et de l'autre. Le mouvement de rotation du pignon se transforme en un mouvement rectiligne de la crémaillère. Certaines boucles font appel à un engrenage à crémaillère. Tu as peut-être vu ce type de boucle sur des patins à glace ou d'autres pièces d'équipement sportif. Un levier fait tourner le pignon, et le pignon fait bouger la crémaillère. La crémaillère resserre la boucle.

Penses-y!

Sers-toi de l'image au haut de la page pour répondre aux questions.

1. Comment un pignon peut-il resserrer une boucle?

____

____

2. Dans une boucle, quelle force déplace les parties de l'engrenage?

____

3. On peut ouvrir une fenêtre en faisant tourner une poignée. La rotation déplace une barre qui, à son tour, fait bouger la fenêtre. Quelle partie joue le rôle du pignon? Quelle partie joue le rôle de la crémaillère?

____

____

4. Si tu déplaçais une crémaillère dans un mouvement de va-et-vient, qu'arriverait-il au pignon?

____

____

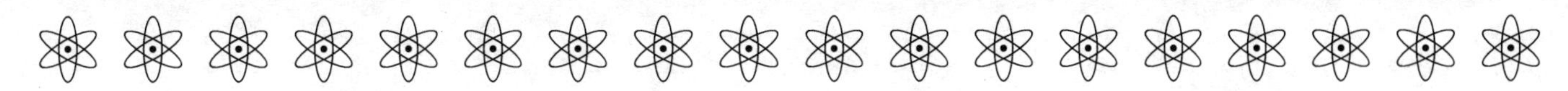

Engrenages d'un vélo

Le système d'engrenages d'un vélo comporte deux ensembles de roues. Les roues dentées avant sont reliées aux pédales. Les roues dentées arrière sont reliées à la roue arrière du vélo. Une chaîne relie les roues dentées avant aux roues dentées arrière. Le passage d'une vitesse à une autre modifie la force nécessaire pour avancer.

Vois-tu les différentes tailles des roues dentées arrière? Les plus petites permettent d'avancer plus vite. Les plus grandes ralentissent la vitesse.

À basse vitesse, la chaîne se trouve sur la roue dentée la plus grande. Chaque rotation de la roue arrière du vélo correspond à une rotation des pédales. Le vélo avance plus lentement, mais il est plus facile de pédaler.

Quand la vitesse choisie est plus élevée, la chaîne passe à la roue dentée la plus petite. La roue arrière du vélo tourne plusieurs fois à chaque rotation des pédales. Le vélo avance plus vite, mais on doit pédaler plus fort.

Entrée et sortie

Pour fonctionner, les machines ont besoin d'une force. L'*élément d'entrée* d'une machine est la composante qui fait bouger les autres composantes. Dans le cas d'un vélo, les pédales forment l'élément d'entrée.

L'*élément de sortie* d'une machine est la composante qui est la dernière à bouger. Les pédales font tourner la roue arrière du vélo. La roue arrière du vélo est donc l'élément de sortie.

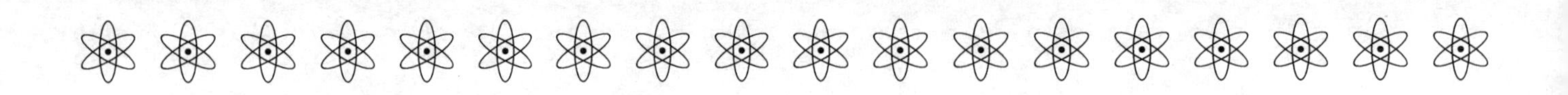

« Engrenages d'un vélo » - Penses-y!

1. Quelle vitesse facilite le travail du cycliste qui monte une pente, la plus basse ou la plus haute? Pourquoi?

2. Quelle vitesse permet de rouler vite sur une surface plane, la plus basse ou la plus haute? Pourquoi?

3. Le système d'engrenages d'un vélo change-t-il la direction du mouvement? Change-t-il la force nécessaire pour faire avancer le vélo? Explique ta réponse.

4. Un tricycle ne fait pas appel à un système d'engrenages ni à une chaîne. Les pédales font tourner la roue avant. Quel est l'élément de sortie, la roue avant ou les roues arrière? Comment le sais-tu?

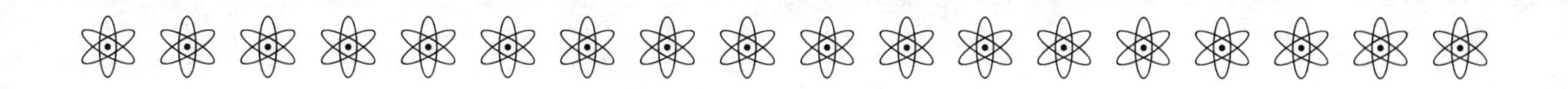

Les poulies au travail : Le tapis roulant

Il y a des engrenages et des poulies tout autour de toi. Le tapis roulant à la caisse d'une épicerie fonctionne à l'aide d'un système d'engrenages et de poulies. L'électricité fait tourner la roue à une extrémité du tapis. Le tapis fait tourner la poulie à l'autre extrémité.

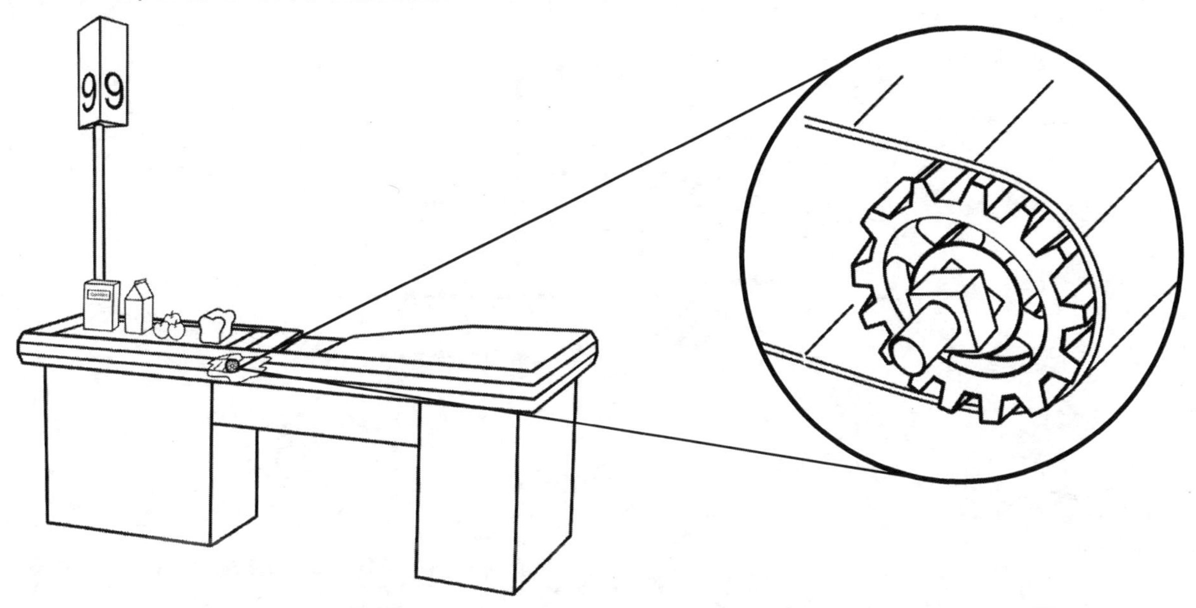

Penses-y!

1. Les machines nous font épargner temps et efforts. Explique comment un tapis roulant nous fait épargner temps et efforts.

____

____

____

____

2. La roue à une extrémité du tapis roulant tourne dans le sens des aiguilles d'une montre. Dans quelle direction la poulie à l'autre extrémité tourne-t-elle? Explique ta réponse.

____

____

____

____

____

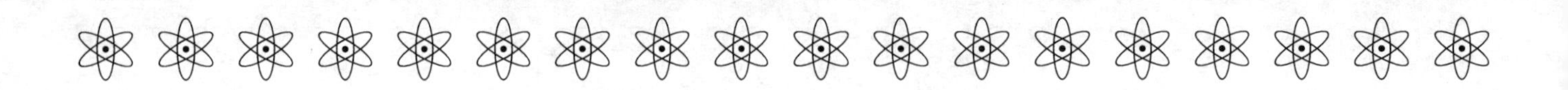

Les engrenages au travail : Le taille-crayon

Cette image montre l'intérieur d'un taille-crayon. Quand on tourne la manivelle, les roues de l'engrenage font tourner les lames, qui taillent le crayon.

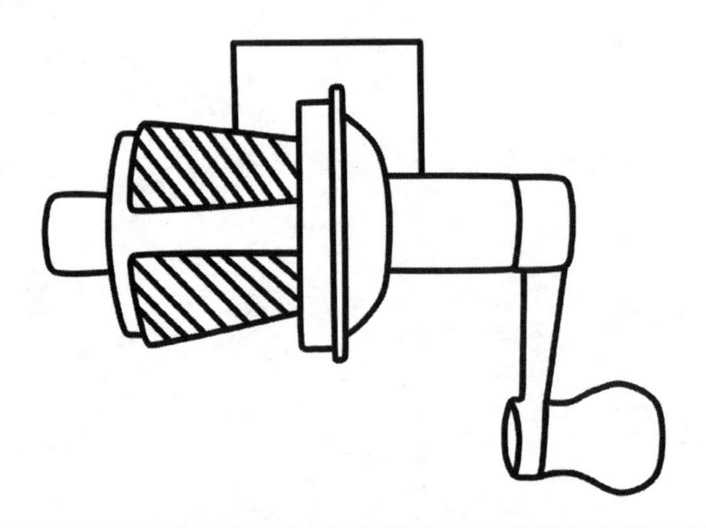

Penses-y!

1. Quel est l'élément d'entrée du taille-crayon? Quel est l'élément de sortie? Comment le sais-tu?

2. Ce taille-crayon transforme-t-il un mouvement horizontal en un mouvement vertical? Explique ta réponse.

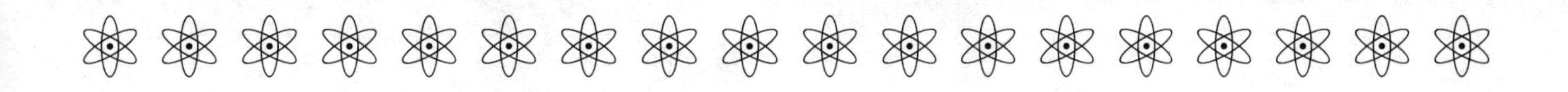

Devinettes sur les poulies et les engrenages

1. Je suis l'objet que tu soulèves au moyen d'une poulie. Je suis la ______________________.

2. Je suis le type de poulie qui change de position.

Quel type de poulie suis-je? ______________________

3. Nous formons la partie d'une roue droite qui fait tourner les roues voisines.

Nous sommes les ______________________.

4. Je peux faire tourner une roue droite, mais la roue droite ne peut pas me faire tourner!

De quel type d'engrenage suis-je un élément? ______________________

5. Mon amie et moi sommes des roues aux dents inclinées. Quand nous travaillons ensemble, nous transformons un mouvement vertical en un mouvement horizontal.

Quel type d'engrenage formons-nous? ______________________

6. Mon ami et moi sommes les parties d'un engrenage qui peut resserrer une boucle. Nous transformons un mouvement de rotation en un mouvement rectiligne.

Quels sont nos noms? ______________________

7. Je permets à une des roues dentées avant d'un vélo de faire tourner la roue arrière du vélo.

Que suis-je? ______________________

8. Nous formons l'élément d'entrée d'un vélo. Sans nous, tu n'iras nulle part!

Que sommes-nous? ______________________

9. Remets dans l'ordre les lettres du message secret ci-dessous.

SLE ULPISOE TE ESL GENSARENEG NTOF URBEGO SLE HOSCSE!

____

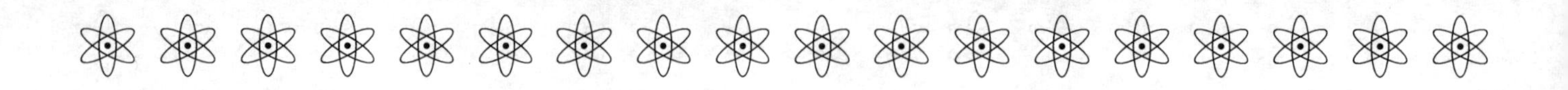

Les sources de lumière

D'où la lumière provient-elle? Il y a deux types de lumière. L'une est la lumière *naturelle*, c'est-à-dire qui provient de la nature. La lumière du Soleil et la lumière produite par un volcan en éruption sont naturelles. Le Soleil et le volcan produisent eux-mêmes de la lumière.

lumière naturelle

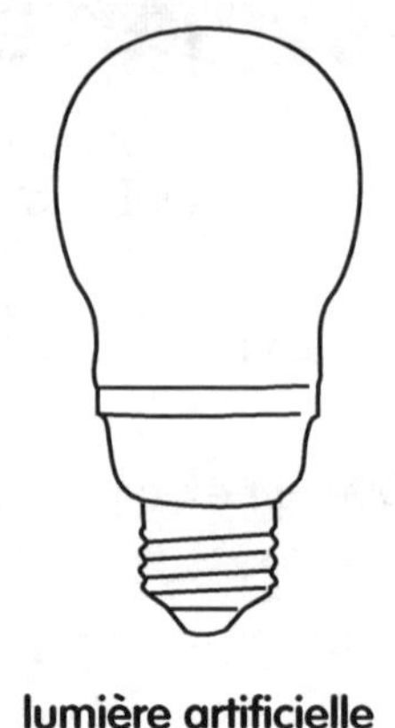
lumière artificielle

L'autre type de lumière est la lumière *artificielle*. Cela signifie que la lumière est créée par des gens. Une ampoule est une lumière artificielle parce qu'elle a été fabriquée par des gens.

La plupart des sources de lumière émettent de la lumière. Le Soleil et d'autres étoiles émettent de la lumière. Une chandelle et une ampoule émettent aussi de la lumière. Mais qu'en est-il de la Lune? La Lune est lumineuse, mais elle n'émet pas de lumière. Elle reflète plutôt la lumière solaire. La lumière reflétée peut être très utile. Les réflecteurs d'un vélo reflètent la lumière émise par les phares des voitures. Les conducteurs de voitures peuvent donc voir le vélo.

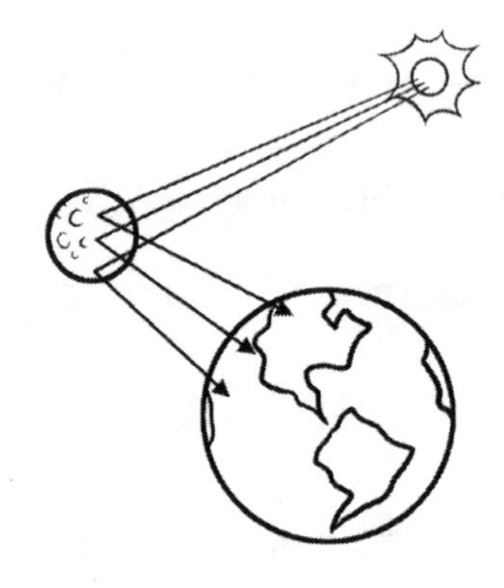

Sources étonnantes de lumière naturelle

Beaucoup d'animaux et de plantes émettent de la lumière. C'est ce qu'on appelle *bioluminescence*. Tu as peut-être déjà vu une luciole le soir. Les lucioles émettent de la lumière à une extrémité de leur corps. Elles font clignoter la lumière pour communiquer avec d'autres lucioles. Certains champignons émettent aussi de la lumière. Si tu marches dans une forêt le soir, tu pourrais en voir. La plupart des animaux qui émettent de la lumière vivent dans l'océan ou la mer. L'un d'eux est la baudroie. Ce poisson possède un long organe fin sur sa tête. L'extrémité de cet organe émet une lumière qui attire les proies de la baudroie.

La lumière est importante

La lumière naturelle et la lumière artificielle sont très importantes. Les plantes ont besoin de la lumière solaire pour croître. Cette lumière aide les animaux et les êtres humains à rester en santé. La plupart de nos activités exigent de la lumière. Nous pratiquons plusieurs de ces activités pendant la journée. Nous pouvons aussi faire plusieurs activités la nuit grâce à la lumière artificielle. Pense à ce que serait ta vie si tu ne pouvais compter que sur la lumière solaire.

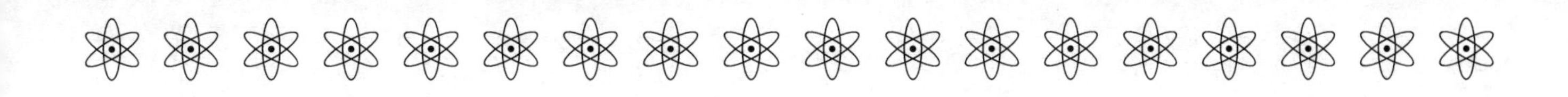

« Les sources de lumière » - Penses-y!

1. Place chaque source de lumière ci-dessous dans la colonne appropriée du tableau.

- lampe néon
- cierge magique
- météore en mouvement
- feu de circulation
- éclair
- luciole
- aurore boréale
- lampe à pétrole

Lumière naturelle	Lumière artificielle

2. Les lucioles et certains types d'algues émettent de la lumière. S'agit-il d'une lumière naturelle ou artificielle? Explique ta réponse.

____

____

____

3. Donne un avantage qu'a la lumière solaire sur une ampoule. Donne un avantage qu'a l'ampoule sur la lumière solaire.

____

____

____

4. En quoi ta vie serait-elle différente si tu n'avais pas de lumière artificielle?

____

____

____

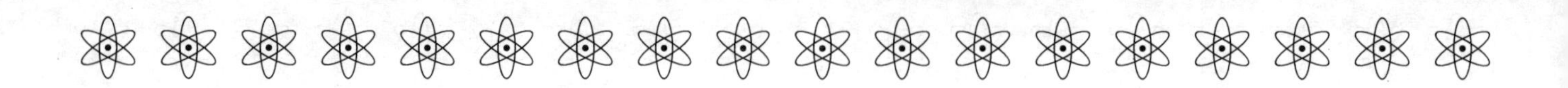

Lumière et énergie

La lumière est une forme d'énergie. Elle provient du Soleil. La lumière que nous pouvons voir est appelée *lumière visible*. Le Soleil transmet sa lumière sous forme d'ondes. Nos yeux peuvent voir les ondes de lumière visible, mais ne peuvent pas voir les autres ondes d'énergie parce qu'elles sont invisibles. L'image ci-dessous représente le spectre électromagnétique sur lequel figurent les différentes familles d'ondes. Comme tu peux le voir, la lumière visible ne forme qu'une petite partie du spectre.

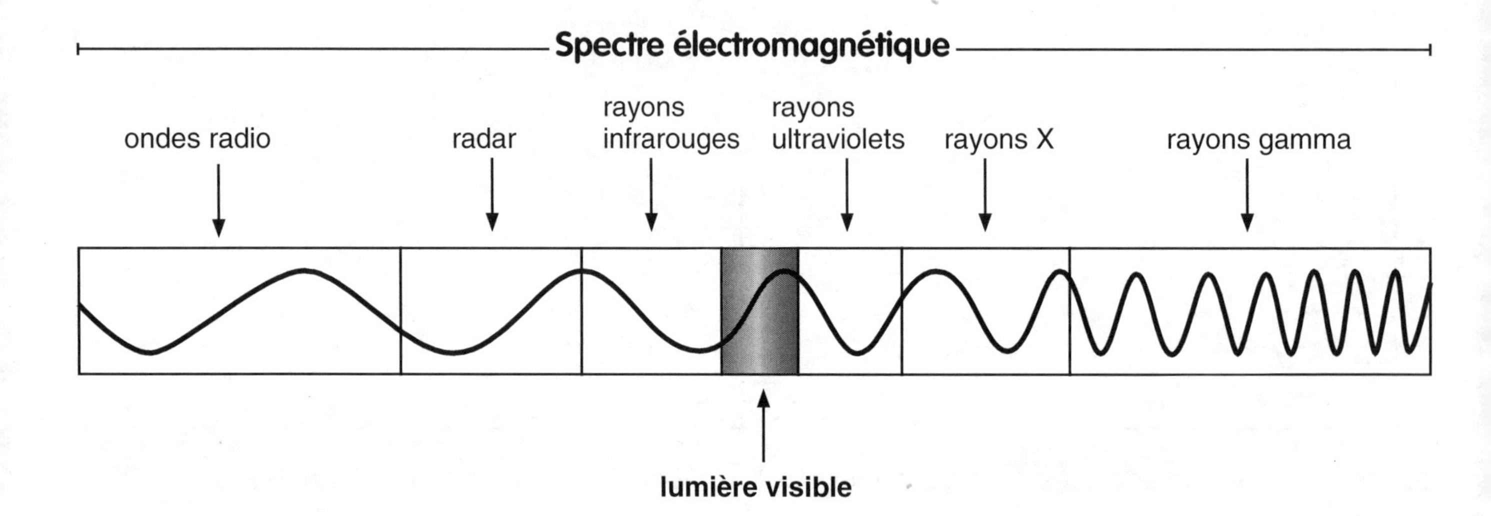

La lumière visible et la couleur

La lumière visible émise par le Soleil est une lumière blanche. Elle est composée de couleurs. On peut la décomposer en un spectre de ses couleurs. Un arc-en-ciel montre le spectre de couleurs de la lumière visible. Les sept couleurs qui la composent sont le violet, l'indigo, le bleu, le vert, le jaune, l'orange et le rouge. Quand on décompose la lumière blanche, ces couleurs apparaissent toujours dans le même ordre. Certains scientifiques croient que l'indigo et le violet sont une même couleur. Ils disent qu'il n'y a que six couleurs dans le spectre.

Les personnes qui ont une vue normale peuvent voir toutes les couleurs du spectre. Mais certaines personnes sont *daltoniennes*, c'est-à-dire qu'elles ont de la difficulté à distinguer certaines couleurs telles que le rouge et le vert. Les chiens, les chats, les souris et les lapins ont une mauvaise vue. Ils peuvent surtout voir le gris et quelques teintes de bleu et de jaune. Les abeilles et les papillons ont une vue exceptionnelle. Ils peuvent même voir des rayons ultraviolets.

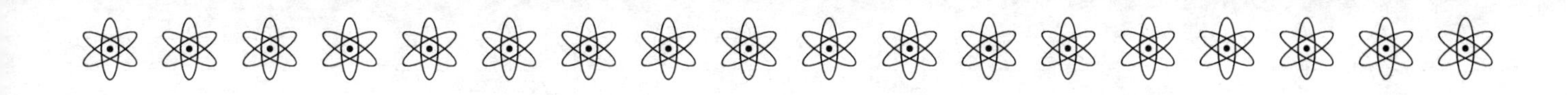

« Lumière et énergie » - Penses-y!

1. Quelle caractéristique de toute énergie lumineuse ne change pas? Quelles caractéristiques de toute énergie lumineuse diffèrent?

2. Comment sait-on que les ondes radio et les rayons infrarouges existent si on ne peut pas les voir?

3. Les rayons X constituent un type d'énergie lumineuse. Quelle est l'utilité des rayons X pour les médecins?

4. Imagine que le noir, le blanc et certaines teintes de gris sont les seules couleurs que tu peux distinguer. Un livre rouge foncé ou vert foncé te semblerait gris foncé. Quelles activités quotidiennes seraient difficiles pour toi? Donne au moins trois exemples.

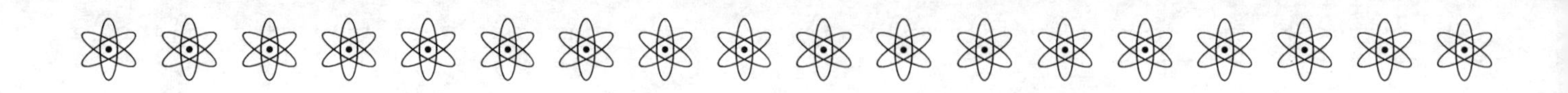

Expérience : Crée ton propre arc-en-ciel

Crée un arc-en-ciel qui montre le spectre des couleurs de la lumière visible.

Tu as besoin

- de crayons de couleur
- d'une lampe de poche (il est préférable d'en utiliser une qui a un faisceau étroit)
- d'un gros bol d'eau
- d'un miroir qui pourra toucher le fond du bol

Marche à suivre

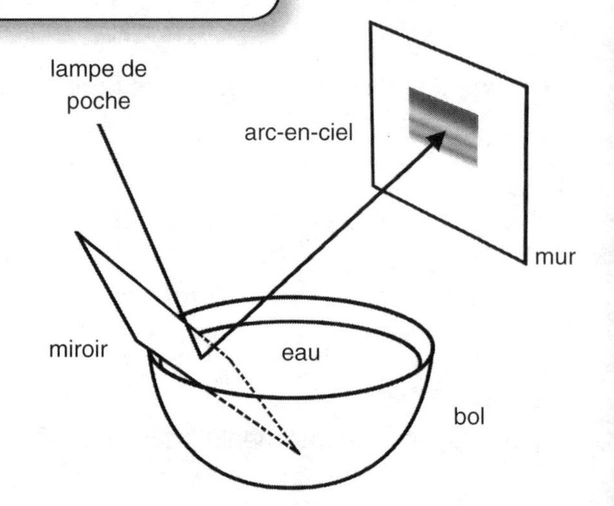

1. Pose le bol d'eau près d'un mur.
2. Place le miroir dans le bol.
3. Dirige le faisceau de la lampe de poche vers le miroir.
4. Déplace la lampe de poche de gauche à droite et de haut en bas jusqu'à ce que tu voies un arc-en-ciel sur le mur ou sur le plafond.
5. Sers-toi des crayons de couleur pour dessiner ce que tu vois.

Penses-y!

1. Écris les couleurs ci-dessous, dans l'ordre dans lequel elles figurent dans l'arc-en-ciel.

____

____

2. La lumière d'une lampe de poche est-elle la même que la lumière blanche du Soleil? Comment le sais-tu?

____

____

____

3. Peux-tu voir le spectre de couleurs de la lumière visible ailleurs? Où?

____

____

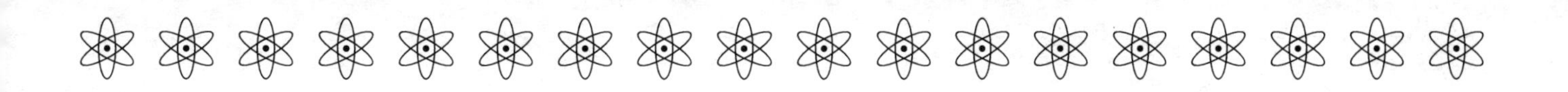

Expérience : Comment la lumière voyage-t-elle?

La lumière voyage en une ligne droite et elle voyage vite, soit à environ 300 000 km/s. L'ombre est une des façons dont on peut dire que la lumière voyage en ligne droite. Si tu te tiens dos au soleil, ton corps bloque la lumière. L'ombre devant toi est l'espace que la lumière ne peut pas éclairer. Voici une autre façon de vérifier que la lumière voyage en ligne droite.

Tu as besoin

- d'une lampe de poche
- d'un peu de farine dans un gobelet
- d'une feuille de papier journal
- d'une ou d'un partenaire

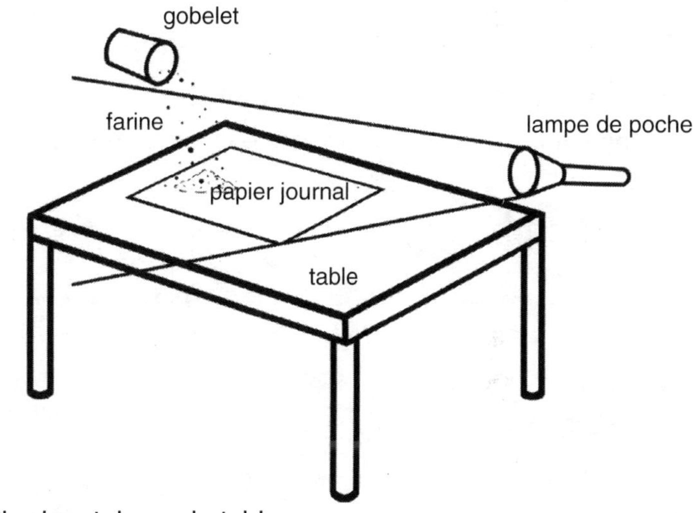

Marche à suivre

1. Étends le papier journal sur une table.
2. Ferme les lumières.
3. Allume la lampe de poche et dirige son faisceau à l'horizontale sur la table.
4. Demande à ta ou ton partenaire de saupoudrer lentement le papier journal de farine, à environ 10 cm de la lampe de poche. Observe ce qui se passe.

Penses-y!

Comment cette expérience démontre-t-elle que la lumière voyage en ligne droite?

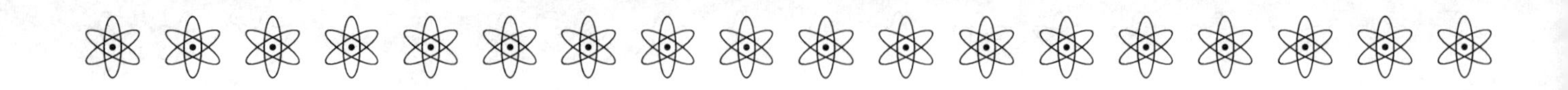

La lumière réfléchie

On peut voir la lumière d'objets qui émettent de la lumière, comme le Soleil et le feu. Mais comment peut-on voir des objets qui n'émettent pas de lumière? La lumière voyage en ligne droite et se réverbère sur les objets. Quand elle se réverbère sur les objets, on dit que la lumière est *réfléchie*. La clarté de la Lune est une réflection de la lumière solaire. La lumière produite par des vêtements réfléchissants est de la lumière qui se réverbère sur eux. La lumière réfléchie voyage aussi en ligne droite.

Comment peut-on voir les objets? La lumière d'une source de lumière se réverbère sur un objet. Ensuite, la lumière réfléchie voyage en ligne droite jusqu'à tes yeux. On ne peut pas voir les objets quand il fait complètement noir parce qu'aucune lumière ne se réverbère sur eux.

Penses-y!

1. Ajoute des étiquettes à l'image ci-dessous portant ces mots : source de lumière, objet, lumière réfléchie, lumière, œil.

2. Quand tu entres dans une pièce où il fait noir, tu ne peux d'abord rien voir. Puis, lentement, tu commences à distinguer le contour d'objets dans la pièce. Y a-t-il de la lumière dans la pièce? Comment le sais-tu?

____

____

____

____

____

____

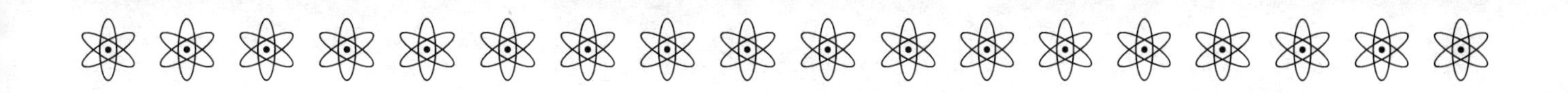

Expérience : La lumière réfractée

La lumière ralentit quand elle passe de l'air à un liquide. Si la lumière passe en ligne droite de l'air à l'eau, elle ralentit, mais continue sa course en ligne droite. Si elle pénètre dans l'eau de biais, elle ralentit et change de direction. Ce changement de direction s'appelle *réfraction*. Après avoir changé de direction, la lumière poursuit sa course en ligne droite. La même chose se produit quand la lumière voyage à travers un matériau solide comme le verre. Tente cette expérience pour observer la réfraction.

Tu as besoin

- d'un verre transparent à moitié rempli d'eau
- d'un crayon

Marche à suivre

1. Place le crayon dans l'eau de façon qu'il soit appuyé sur l'une des parois du verre.

2. Regarde le crayon d'en haut. Puis regarde le crayon du côté.

Penses-y!

1. De quoi a l'air le crayon d'en haut? De quoi a-t-il l'air du côté?

____

____

____

____

____

2. Où le crayon semble-t-il se briser? Pourquoi cela se produit-il?

____

____

____

____

____

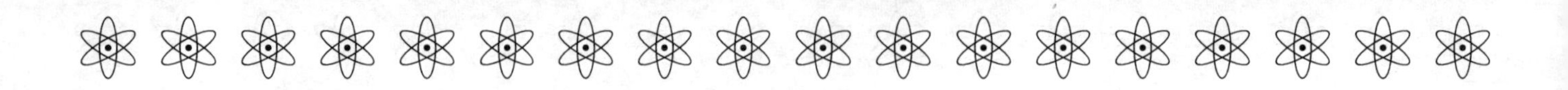

Expérience : La lumière à travers des matériaux

Quels matériaux la lumière peut-elle traverser? Tente cette expérience pour le savoir.

Tu as besoin

- d'un gobelet de plastique ou d'un verre transparent
- de papier ciré
- de papier de soie
- de papier de bricolage
- de papier aluminium
- d'une lampe de poche

Marche à suivre

1. Lis les étapes au complet pour comprendre ce que tu dois faire. Avant d'exécuter les étapes 2 et 3, écris tes prédictions dans le tableau ci-dessous.
2. Place les objets devant un mur. Dirige le faisceau de la lampe de poche vers chacun des objets. Fais l'expérience avec un objet à la fois.
3. Observe ce qui se passe.
4. La lumière traverse-t-elle certains des objets? Quelle quantité de lumière les traverse?

Objet	Prédiction : Que se passera-t-il?	Résultat : Que s'est-il passé?
Gobelet de plastique ou verre transparent		
Papier ciré		
Papier de soie		
Papier de bricolage		
Papier aluminium		

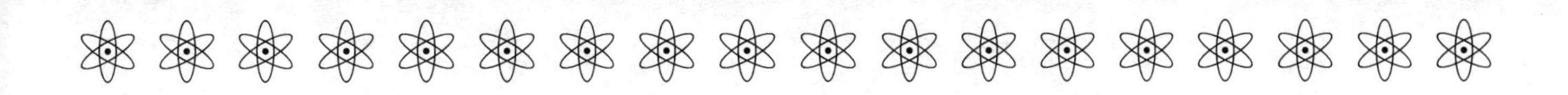

« Expérience : La lumière à travers des matériaux » - Penses-y!

1. La lumière passera-t-elle à travers le verre transparent si tu y mets de l'eau? Pourquoi?

____

____

____

2. Verse de l'eau dans le verre pour vérifier ta prédiction. Qu'arrive-t-il à la lumière?

____

____

____

3. Comment pourrais-tu empêcher la lumière solaire d'entrer par les fenêtres?

____

____

____

4. Un objet transparent, tel qu'une vitre, produit-il une ombre? Pourquoi?

____

____

____

5. Les gens utilisent parfois du verre dépoli pour leurs fenêtres. Ce type de verre laisse passer une certaine quantité de lumière, mais empêche les gens de voir à l'intérieur. Donne au moins deux raisons pour lesquelles les gens pourraient utiliser du verre dépoli pour une fenêtre.

____

____

____

____

____

____

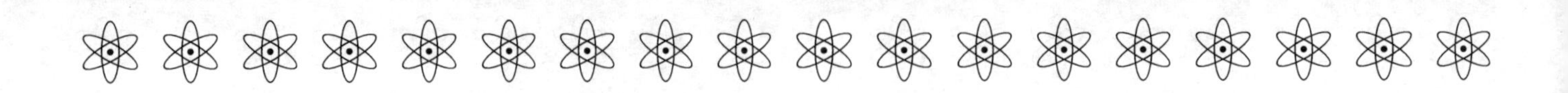

Peux-tu voir à travers?

Objets transparents

Quand tu regardes par une fenêtre, tu peux voir à l'extérieur. C'est parce que la lumière traverse le verre. En d'autres mots, le verre laisse passer la lumière. Les matériaux ou objets qui laissent passer la lumière sont *transparents.*

Objets translucides

Qu'est-ce qui arrive quand tu regardes par une fenêtre dont la vitre est de verre dépoli? Tu peux voir un peu, mais pas vraiment clairement ce qu'il y a de l'autre côté. C'est parce qu'une petite quantité de lumière seulement traverse le verre. Les matériaux ou objets qui ne laissent passer qu'une petite quantité de lumière sont *translucides.*

Objets opaques

Peux-tu voir à travers une porte de bois? Non, parce que la porte ne laisse pas passer la lumière. Le bois absorbe la lumière plutôt que de la laisser passer. Les matériaux ou objets qui absorbent la lumière sont *opaques.*

Penses-y!

Écris, dans le tableau ci-dessous, des exemples de matériaux ou objets qui sont transparents, translucides et opaques. Donne au moins trois exemples dans chaque colonne.

Transparent	Translucide	Opaque

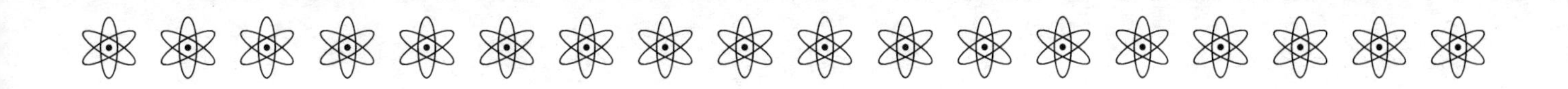

Technologies de la lumière

La lumière solaire a été la première source de lumière utilisée par les êtres humains. Plus tard, les gens ont appris à faire brûler des combustibles pour avoir de la lumière. Ils ont d'abord fait brûler de la graisse animale dans des objets creux. Avec le temps, ils ont inventé de nouveaux récipients pour la faire brûler. Ils ont ajouté des mèches pour que le feu dans les lampes brûle uniformément. Ensuite, ils ont utilisé d'autres combustibles comme l'huile d'olive, la cire d'abeille, l'huile de poisson, l'huile de baleine et l'huile de noix. Dans les années 1700 et 1800, ils ont créé de nouveaux types de lampes qui fonctionnaient à l'aide de combustibles provenant du sol, comme le kérosène et le charbon. Mais le monde était toujours aussi sombre pour beaucoup de gens. Les bonnes lampes et les bons combustibles coûtaient cher. Les réverbères à gaz n'éclairaient que la partie de la rue qui les entourait.

La lumière aujourd'hui

Aujourd'hui, la lumière est produite en grande partie grâce à l'électricité. Voici quelques sources de lumière qu'on utilise dans les maisons, les écoles et les commerces.

Incandescente : À l'intérieur de ce type d'ampoule, un mince filament est chauffé par un courant électrique. Quand le filament est très chaud, il émet une lumière visible. Il dégage aussi beaucoup de chaleur gaspillée. Les ampoules incandescentes ne durent pas très longtemps. Elles utilisent aussi beaucoup d'électricité pour produire une lumière brillante. Elles ne coûtent pas très cher.

Halogène : Les ampoules halogènes fonctionnent de la même façon que les ampoules incandescentes. Un filament à l'intérieur est chauffé afin d'émettre de la lumière. La lumière émise par les ampoules halogènes est plus brillante que celle émise par les ampoules incandescentes. Les ampoules halogènes durent plus longtemps, mais elles coûtent plus cher. Elles deviennent très chaudes et dégagent beaucoup de chaleur gaspillée.

Fluorescente : Il s'agit de tubes remplis de gaz. Certains sont longs et droits, alors que d'autres sont en spirale. Quand un courant électrique traverse ces tubes, ils produisent une lumière ultraviolette. Cette lumière agit avec des éléments chimiques pour produire une lumière visible. Les tubes coûtent plus cher que les ampoules incandescentes, mais ils utilisent moins d'électricité. Ils dégagent aussi moins de chaleur.

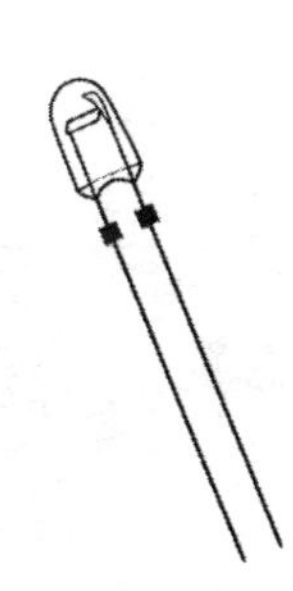

À diode électroluminescente (DEL) : Cette source de lumière est très différente des autres en raison de ses composantes. Celles-ci émettent de la lumière quand un courant électrique les traverse. Différentes composantes produisent des lumières de couleurs différentes. Les ampoules à DEL durent très longtemps. Elles utilisent peu d'électricité et ne deviennent pas chaudes. Cependant, elles coûtent très cher.

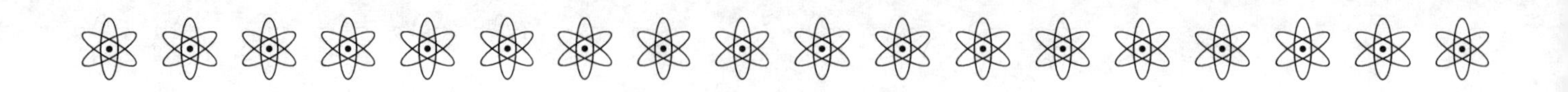

« Technologies de la lumière » - Penses-y!

1. Les lampadaires procurent de la lumière pendant la nuit. On utilise aussi des lumières dans les parcs, les terrains de sport et beaucoup d'autres endroits. Quel est l'un des avantages de ces lumières? Quel est l'un des inconvénients de ces lumières?

2. Dans la toile d'idées ci-dessous, résume les idées importantes au sujet de chaque source de lumière.

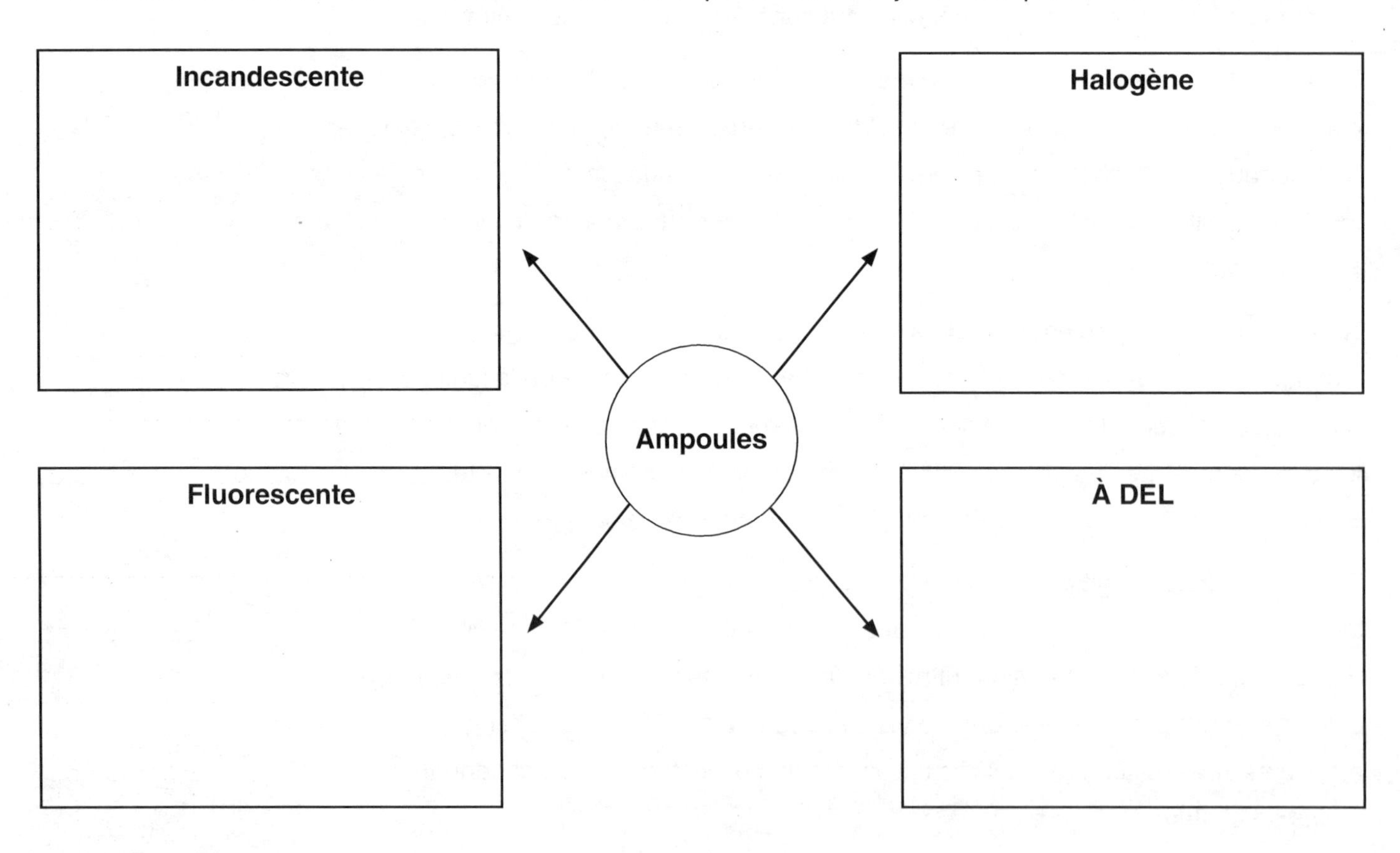

3. À ton avis, quel type (ou quels types) d'ampoule serait plus efficace chez toi? Pourquoi?

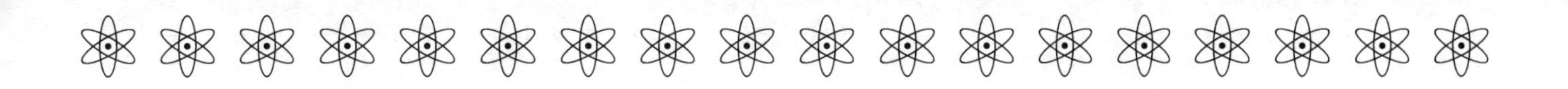

Expérience : Qu'est-ce que le son?

La lumière est une forme d'énergie. Le son est aussi une forme d'énergie. Le son est l'énergie que tu peux entendre. Un son est émis quand l'énergie fait vibrer un objet (c'est-à-dire le fait trembler rapidement). Parfois, tu peux même sentir les vibrations produites par un son. Tu produis toi-même un son quand tes cordes vocales vibrent. Tente cette expérience pour sentir les vibrations du son.

Tu as besoin

- d'un tube de carton
- de papier
- de ruban adhésif

Marche à suivre

1. Fixe un morceau de papier à une extrémité du tube avec du ruban adhésif afin de la boucher.
2. Chante ou parle dans l'autre extrémité du tube.
3. Pendant que tu chantes ou que tu parles, touche légèrement le papier à l'autre extrémité.

Penses-y!

1. Que sens-tu quand tu touches le papier? ______________________________

____

____

2. Peux-tu sentir des vibrations sonores ailleurs? Où? ______________________

____

____

Les ondes sonores

Dans l'activité ci-dessus, tes cordes vocales ont produit des vibrations. Comment les vibrations ont-elles été transférées de tes cordes vocales à l'extrémité du tube? Le son se répand sous forme d'ondes qui agissent comme les vagues d'un océan. Les ondes sonores montent et descendent comme les vagues. Chaque vibration produit une onde. L'énergie sonore se déplace sous forme d'ondes sonores. Les ondes sont plus intenses et plus fortes près de la source du son parce que c'est là qu'elles ont le plus d'énergie. Le son s'affaiblit plus loin de la source parce que l'énergie s'épuise.

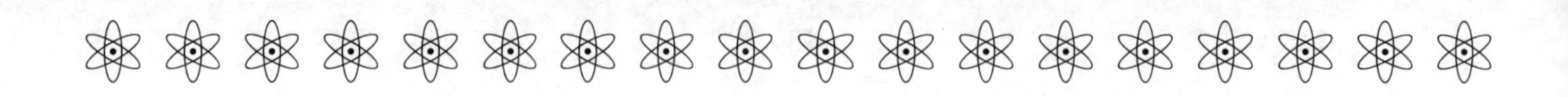

Expériences : Propagation du son (1re expérience)

Les ondes sonores doivent se propager à travers quelque chose. Peuvent-elles se propager à travers un gaz, un liquide et un solide? Tente ces expériences pour le savoir.

Tu as besoin

- d'une table de bois
- d'une ou d'un partenaire

Marche à suivre

1. Travaille avec ta ou ton partenaire. Tiens-toi près de la table. Invite ta ou ton partenaire à frapper doucement la table.
2. Dans ton carnet de notes, décris ce que tu entends.
3. Pose une oreille sur la table et bouche ton autre oreille avec ta main. Demande de nouveau à ta ou ton partenaire de frapper doucement la table.
4. Dans ton carnet de notes, décris ce que tu entends.

1re expérience - Penses-y!

1. Le son peut-il se propager à travers un gaz comme l'air? Comment le sais-tu? ______________________

____

____

____

2. Le son peut-il se propager à travers un solide comme une table? Comment le sais-tu? ______________

____

____

3. Explique la différence entre le son que tu as entendu quand tu te tenais près de la table et celui que tu as entendu avec ton oreille posée sur la table.

____

____

____

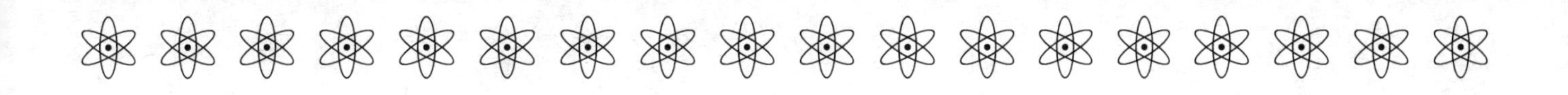

Expériences : Propagation du son (2e expérience)

Tu as besoin

- d'un bol ou d'un seau
- de deux cuillères en métal
- d'eau
- d'une ou d'un partenaire

Marche à suivre

1. Remplis le bol ou le seau d'eau.
2. Tiens-toi près du récipient choisi. Invite ta ou ton partenaire à frapper les deux cuillères l'une contre l'autre sous l'eau.
3. Dans ton carnet de notes, décris ce que tu as entendu.
4. Pose une oreille contre le récipient et bouche l'autre oreille avec ta main. Demande de nouveau à ta ou ton partenaire de frapper les cuillères l'une contre l'autre. Dans ton carnet de notes, décris ce que tu as entendu.

2e expérience - Penses-y!

4. Le son peut-il se propager à travers un liquide comme l'eau? Comment le sais-tu? ____________________

____

____

5. Explique la différence entre le son que tu as entendu quand tu te tenais près du récipient et celui que tu as entendu avec ton oreille contre le récipient. ____________________

____

____

6. Une nageuse qui se trouverait sous l'eau pourrait-elle entendre un bateau à la surface de l'eau? Pourquoi?

____

____

Faits sur le son

- Le son se propage plus rapidement à travers les solides et plus lentement à travers les gaz.
- L'éclair et le tonnerre se produisent au même moment. Mais la lumière voyage plus rapidement que le son. Si l'éclair est éloigné, on le voit avant d'entendre le tonnerre.

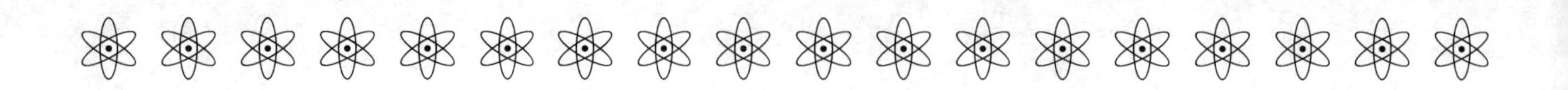

Modification du son propagé

Le son réfléchi

As-tu déjà entendu un écho? Un écho est le son qui se reflète, ou se réverbère, sur une surface. La lumière est réfléchie par un miroir. Le son est aussi réfléchi par une surface. Le son continue à se réverbérer jusqu'à ce qu'il perde son énergie.

Certains animaux utilisent le son d'une manière particulière. Les chauves-souris et les baleines produisent des sons qui sont réfléchis par des objets. L'écho leur indique où se trouvent ces objets. C'est ce qu'on appelle *écholocation*.

Le son absorbé

Peux-tu empêcher un son de se propager loin? Peux-tu empêcher un son de se réverbérer? Peux-tu atténuer un son? Des matières qui ne sont ni lisses ni dures peuvent te permettre d'y arriver.

T'est-il déjà arrivé de te trouver dans une maison vide où personne n'habitait? Tu as probablement remarqué l'écho. Des objets mous peuvent absorber le son et empêcher l'écho. Une maison vide ne contient aucun objet mou qui pourrait absorber le son. Mais si on y met du tapis et des rideaux, ces objets atténueront le son.

Penses-y!

1. Utiliserais-tu des matières dures ou molles dans une pièce où tu regardes la télévision ou écoutes de la musique? Pourquoi?

____

____

____

2. Beaucoup de grandes salles de concert contiennent des matières dures et des matières molles. Pourquoi, à ton avis?

____

____

____

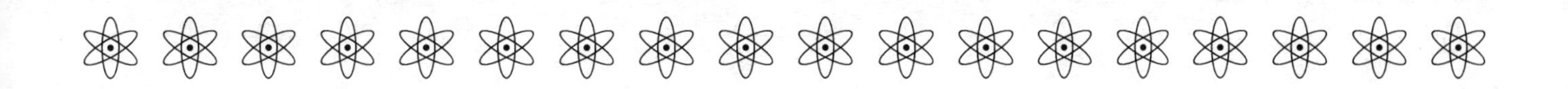

Expériences : Intensité et hauteur du son

1re expérience : Intensité

Les sons peuvent être doux ou forts. Plus tu es proche de la source du son, plus le son est fort. Le son s'atténue quand tu t'éloignes. L'intensité d'un son dépend aussi de la force de la vibration. De grosses vibrations produisent des sons forts. De petites vibrations produisent des sons doux. Tente cette expérience.

Tu as besoin

- de deux élastiques de même longueur, l'un épais et l'autre mince; les élastiques doivent être assez longs pour entourer une boîte à chaussures
- une boîte à chaussures sans son couvercle

Marche à suivre

1. Place les deux élastiques autour de la boîte à chaussures de façon qu'ils soient placés sur l'ouverture. Laisse un peu d'espace entre les deux élastiques.
2. Pince chaque élastique en le soulevant de 1 cm environ, puis lâche-le. Compare les sons produits par les élastiques. Réponds aux questions 1 et 2 plus bas.
3. Soulève un élastique de 1 cm, puis lâche-le et écoute le son. Fais la même chose en soulevant l'élastique de 2 cm, puis de 3 cm. Réponds aux questions 3 et 4.

1re expérience - Penses-y!

1. Quel élastique a émis le son le plus fort? ______________________________

2. Que suggère ta réponse à la question 1 au sujet des vibrations produites par chaque élastique?

____

____

3. En quoi le son émis par l'élastique a-t-il changé quand tu l'as étiré un peu plus?

____

4. Quand l'élastique a-t-il produit les plus grosses vibrations? Quand tu l'as soulevé de 1 cm ou de 3 cm?

____

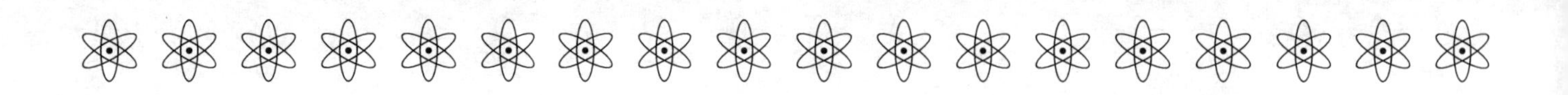

Expériences : Intensité et hauteur du son

2e expérience : Hauteur

Quand tu dis qu'un son est perçant ou grave, tu parles de la hauteur du son. La hauteur d'un son dépend du nombre de vibrations (ou ondes sonores) qui se produisent en une seconde. Les sons perçants produisent plus d'ondes en une seconde que les sons graves. Tente cette expérience.

Tu as besoin

- d'une règle
- d'un pupitre ou d'une table

Marche à suivre

1. Tiens la règle contre le pupitre ou la table avec une main. Place-la de façon qu'elle soit en grande partie au-dessus du sol. Soulève l'extrémité de la règle qui se trouve au-dessus du sol avec un doigt, puis relâche-la. Observe et écoute.
2. Maintenant, place la règle de façon qu'elle soit en grande partie sur le pupitre ou la table. Soulève encore l'extrémité de la règle, puis relâche-la. Observe et écoute.

2e expérience - Penses-y!

1. Qu'y avait-il de différent entre les deux étapes, dans ce que tu as vu et entendu? ____________________

____

____

____

____

2. Dans quelle position la règle a-t-elle produit le plus de vibrations? Comment le sais-tu?

____

____

____

____

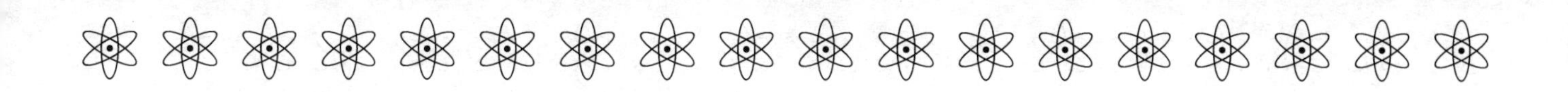

Entendre les sons

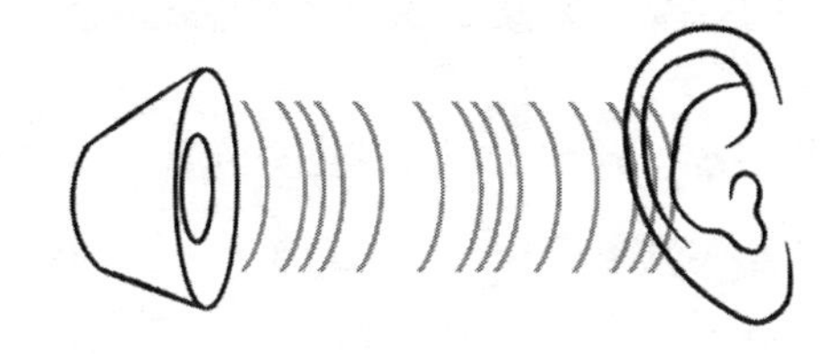

Nous entendons avec nos oreilles. Nos oreilles sont des organes qui perçoivent les vibrations produites par les sons. L'oreille se compose de trois parties : *l'oreille externe, l'oreille moyenne* et *l'oreille interne*. Ces parties agissent avec le cerveau pour que nous puissions entendre et comprendre les sons.

Presque tous les animaux ont des oreilles qui leur permettent d'entendre les sons. Leurs oreilles prennent diverses formes. La plupart du temps, elles se trouvent sur leur tête. Certains animaux ont des organes d'audition qui ne ressemblent pas à des oreilles. Les grillons, par exemple, ont de petites taches pâles sur leurs pattes avant qui leur permettent de percevoir les sons. Les serpents n'ont pas d'oreille externe, mais ils ont une oreille interne. Ils détectent aussi les vibrations dans le sol. Ces vibrations passent par leur mâchoire inférieure pour se rendre jusqu'à l'oreille interne.

Mesure du volume

Les sons peuvent être doux ou forts. C'est ce qu'on appelle le volume. Les sons qui ont plus d'énergie sont plus forts. Les sons qui en ont moins sont plus doux. On se sert du décibel (dB) comme unité de mesure de l'énergie dans un son. Si tu as une bonne ouïe, le son le plus doux que tu puisses entendre mesure 0 dB. L'un des sons les plus forts jamais entendus a été l'éruption d'un volcan en 1883. Les scientifiques estiment que le son mesurait 180 dB. Des gens vivant à 3000 km du volcan ont entendu l'éruption.

Mesure du champ auditif

Les êtres humains et les animaux peuvent entendre un registre de sons, des sons graves aux sons aigus. On se sert du hertz (Hz) comme unité de mesure de la hauteur d'un son. Une vibration par seconde équivaut à un hertz. Dans le cas des sons graves, le nombre de hertz est peu élevé. Il est plus élevé pour les sons aigus.

Les êtres humains peuvent entendre des sons allant de 20 Hz à 20 000 Hz. Les chiens peuvent entendre des sons allant de 40 Hz à 45 000 Hz. Ils peuvent donc entendre des sons trop aigus pour l'oreille des êtres humains. As-tu déjà entendu un sifflet pour chien? Le son qu'il produit est trop aigu pour que tu puisses l'entendre, mais les chiens l'entendent.

Le tableau ci-contre donne le son le plus aigu et le son le plus grave que les êtres humains et divers animaux peuvent entendre.

Animal	Champ auditif en Hz
Être humain	de 20 à 20 000
Chien	de 40 à 45 000
Chat	de 45 à 65 000
Chauve-souris	de 2 000 à 120 000
Baleine bleue	de 5 à 120 000
Girafe	de 5 à 120 000
Souris	de 2 300 à 85 000
Thon	de 50 à 1 100

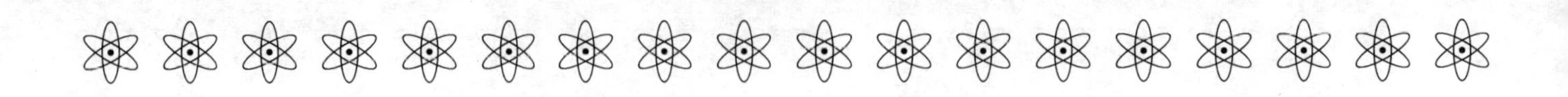

« Entendre les sons » - Penses-y!

1. Écris les sons ci-dessous dans le tableau, du plus doux au plus fort.

- conversation normale
- chuchotement
- tonnerre fracassant
- klaxon de voiture
- tondeuse à gazon à moteur
- aspirateur

Son	Décibels
	20 dB
	50 dB
	70 dB
	100 dB
	110 dB
	120 dB

2. Les scientifiques ne s'entendent pas toujours sur le champ auditif de certains animaux. Pourquoi, à ton avis?

____

____

____

____

3. Quels animaux peuvent entendre des sons si graves que les êtres humains ne peuvent pas les entendre?

____

____

____

____

4. La chauve-souris et le thon peuvent-ils entendre les mêmes sons? Comment le sais-tu?

____

____

____

____

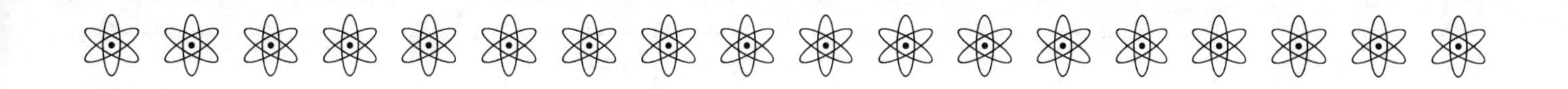

Instruments de musique

Les instruments de musique produisent beaucoup de sons différents. Comment le font-ils?

Instruments à vent

Certains instruments produisent des sons quand on souffle dans un tube. Un exemple en est la flûte à bec. Une flûte à bec est un tube creux. L'air soufflé dans une extrémité du tube produit un son. Une flûte à bec comporte des trous de jeu qui permettent de modifier la hauteur du son. Dans le cas d'autres *instruments à vent,* tels que le trombone, on modifie la hauteur du son en allongeant ou en raccourcissant le tube.

Instruments à corde

Certains instruments produisent des sons quand on fait vibrer leurs cordes. La guitare, le violon et le piano sont des exemples de ce type d'instruments. L'épaisseur et la longueur des cordes déterminent la hauteur des sons. On peut aussi modifier la hauteur en resserrant ou en relâchant les cordes. On peut jouer des *instruments à cordes* de différentes façons. On peut pincer les cordes (guitare) ou les faire vibrer avec un archet.

Instruments à percussion

Les *instruments à percussion* produisent des sons lorsqu'on les frappe. Souvent, ce type d'instruments donne son rythme à la musique. Les cloches et les xylophones sont des instruments à percussion avec lesquels on peut jouer des mélodies. On accorde habituellement un tambour de façon qu'il joue une seule note. On peut l'accorder de façon qu'il joue d'autres notes en resserrant ou relâchant la peau du tambour. Lorsque la peau est plus serrée, le tambour produit de plus hautes notes. Les gros tambours produisent des notes plus graves.

Certains instruments à percussion, tels que les maracas, doivent être agités pour produire des sons. Les tambourins peuvent être agités et frappés.

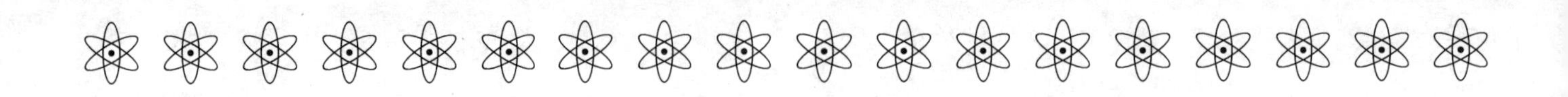

« Instruments de musique » - Penses-y!

Essaie!

Joins-toi à deux ou trois de tes camarades et fabriquez vos propres instruments de musique. Discutez du type d'instrument que chaque membre de votre groupe fabriquera, à vent, à cordes ou à percussion. Une fois les instruments fabriqués, jouez-en ensemble.

Vous pouvez utiliser le matériel suivant :

- boîtes à chaussures
- élastiques
- bouchons de bouteilles
- fèves ou riz non cuits, grains de maïs
- petites planches
- punaises
- assiettes en aluminium
- papier ciré
- bocaux de verre
- ficelle
- rouleaux d'essuie-tout
- boîtes en fer blanc avec couvercle en plastique
- ligne de pêche
- clochettes
- goujons de bois

1. Dessine ton instrument, une fois fini, dans l'encadré ci-dessous.

2. Explique la façon dont ton instrument produit des sons. ______________________

____

____

3. Peux-tu changer la hauteur des sons? Comment? ______________________

____

____

4. Pourrais-tu améliorer ton instrument? Comment? ______________________

____

____

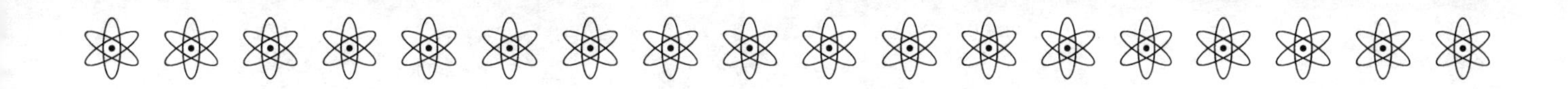

Le son et la lumière pour la sécurité

Un grand nombre de dispositifs font appel aux propriétés de la lumière et du son. Beaucoup d'entre eux ont pour but de nous protéger. Par exemple,

- les lunettes de soleil avec protection UV protègent nos yeux de rayons dangereux;
- les capteurs optiques empêchent des portes de se refermer sur quelque chose ou quelqu'un;
- les avertisseurs sonores de recul des camions et des voitures nous font savoir qu'un véhicule est en mouvement;
- des bouchons d'oreilles protègent nos oreilles des bruits forts.

Certaines technologies qui font appel à la lumière et au son présentent des inconvénients. Par exemple, il peut être dangereux d'utiliser un cellulaire pendant qu'on marche, qu'on roule à vélo ou qu'on conduit une voiture. Les sons très forts, que ce soit de la musique, des moteurs ou des bruits dans la nature, sont mauvais pour l'ouïe.

Penses-y!

1. Les lumières nous aident à voir la nuit. Mais certaines personnes croient que trop de lumières sont allumées la nuit. Pourquoi, à ton avis?

____

____

2. Les gens aiment écouter de la musique sur un appareil portable. En quoi ces appareils peuvent-ils être dangereux?

____

____

3. Quelle technologie faisant appel à la lumière ou au son aimerais-tu qu'on invente? Que ferait cette technologie? Quels problèmes pourrait-elle causer?

____

____

____

____

____

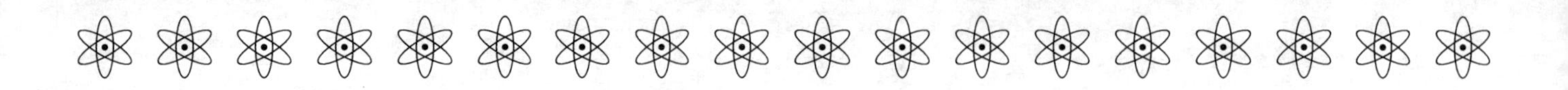

Vocabulaire de la lumière et du son

Tu as appris beaucoup de mots en explorant la lumière et le son. Choisis dans la liste ci-après les mots qui vont compléter les phrases plus bas. Utilise chaque mot une seule fois. Tu n'utiliseras pas tous les mots. Montre tes phrases à ta ou ton partenaire. Attends-toi à devoir défendre tes choix.

artificielle	**halogènes**	**réfléchi**	**décibel**
bioluminescence	**hertz**	**transparent**	**vibrations**
spectre	**hauteur**	**translucide**	**volume**
DEL	**réfractée**	**absorber**	

1. Une fenêtre aux vitres givrées est ______________________________.

2. Un crayon dans un verre d'eau semble brisé parce que la lumière est ______________ par l'eau.

3. Quand les gens parlent, leurs cordes vocales produisent des ______________________.

4. Un écho est un son ______________________________.

5. Les ampoules ______________________ sont très brillantes, mais deviennent très chaudes.

6. Un bâtonnet luminescent est un exemple d'une lumière ______________________.

7. La lumière blanche se compose d'un ______________________________ de couleurs.

8. Les matières molles aident à ______________________________ les sons dans une pièce.

9. L'unité de mesure du volume d'un son est le ______________________________.

10. La ______________________________ dépend du nombre de vibrations par seconde.

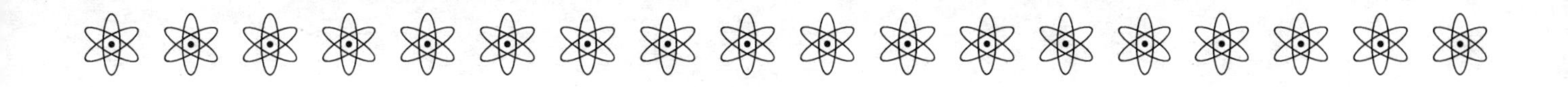

Les roches et les minéraux

Quelle est la différence entre les roches et les minéraux?

Les minéraux sont composés d'une seule substance. Ils ne sont pas des mélanges de différentes substances. Les roches se composent d'au moins deux minéraux.

Imagine que les minéraux sont différentes couleurs de pâte à modeler. Chaque couleur représente un minéral différent. Alors, si tu as trois boules de pâte à modeler — une verte, une bleue et une rouge —, chaque boule représente un minéral différent. Maintenant, imagine que tu prends un morceau de chaque boule, que tu les mélanges et que tu en fais une autre boule. Cette boule représente une roche parce qu'elle se compose de divers minéraux.

Le granite est une roche très répandue. Tu en as probablement déjà vu. Si tu examines de près un morceau de granite, tu verras des particules de différentes couleurs. Ce sont les couleurs des minéraux qui composent le granite, c'est-à-dire le feldspath, le quartz et le mica.

Pourquoi certaines roches sont-elles d'une seule couleur?

Même les roches qui sont d'une seule couleur contiennent au moins deux minéraux. Reprenons l'exemple de la boule de pâte à modeler composée de trois couleurs. Tu peux toujours voir le vert, le bleu et le rouge qui la composent, mais si tu mélanges longtemps la pâte à modeler, elle finira par devenir brun-gris. Les couleurs se seront toutes mêlées. C'est la même chose pour les roches d'une seule couleur : les minéraux qui les composent se sont tous mêlés et tu ne vois plus les différentes couleurs.

De quoi ont l'air les minéraux?

Les minéraux n'ont pas tous la même apparence. Ils peuvent avoir différentes formes et couleurs. Certains minéraux scintillent, tandis que d'autres sont ternes. Certains minéraux, comme le quartz, ont la forme de cristaux. D'autres minéraux sont des métaux. L'or et l'argent en sont des exemples. Les noms de ces minéraux sont aussi leur couleur.

quartz

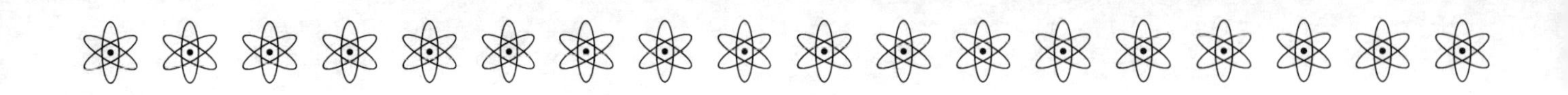

Lesquels sont les plus durs, les roches ou les minéraux?

C'est une question-piège! Certaines roches et certains minéraux sont durs, d'autres sont tendres. Le granite est une roche dure; c'est donc un matériau idéal pour les comptoirs de cuisine. On ne peut pas facilement l'égratigner ou le briser. D'autres roches, telles que le grès, sont plus tendres. Les artistes se servent parfois du grès pour leurs sculptures parce qu'il est facile à tailler. Certains minéraux sont suffisamment tendres pour que tu puisses les rayer avec un ongle. Le diamant est un minéral; c'est aussi la substance la plus dure qu'on puisse trouver dans la nature.

L'étude des roches

Les roches constituent un sujet très intéressant à étudier... les minéraux aussi. Tu pourrais peut-être décider un jour de collectionner des roches. Il y en aurait probablement partout chez toi : sur ton bureau, dans tes poches et dans la boîte où tu garderais ta collection.

« Les roches et les minéraux » - Penses-y!

Tu t'y connais peut-être plus en roches et en minéraux que tu ne le penses. Sers-toi de tes connaissances — et de ton pouvoir mental — pour répondre à ces questions.

1. Les routes non pavées sont souvent couvertes de gravier, un ensemble de petites roches. Donne deux raisons pour lesquelles on utilise du gravier sur les routes.

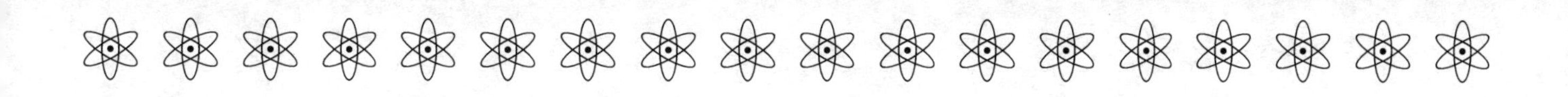

« Les roches et les minéraux » - Penses-y! (suite)

2. Les gemmes, tels que les rubis et les émeraudes, sont utilisés dans la fabrication des bijoux. Les rubis et les émeraudes sont des minéraux. Nomme deux caractéristiques de ces minéraux que les gens apprécient le plus?

3. Certains bâtiments, surtout les plus anciens, sont faits de blocs de roche. Donne un avantage et un inconvénient de l'usage de blocs de roche dans la construction.

4. Le verre est fait de quartz. Nomme au moins huit objets faits de verre qu'on trouve couramment chez soi. (Les objets peuvent comprendre d'autres matériaux.)

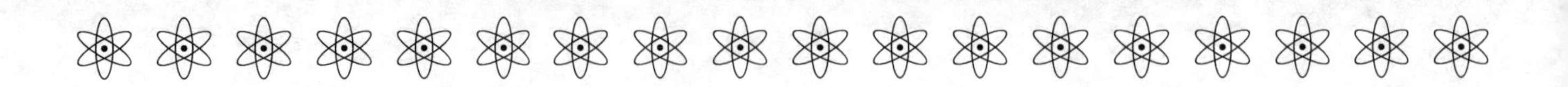

Trois types de roches

Il y a trois grands types de roches. Les roches sont classées selon la façon dont elles sont formées.

granite

Les roches *ignées* se forment quand le magma (la roche liquide brûlante sous la surface de la Terre) se refroidit et se solidifie. Parfois, le magma se refroidit et se solidifie sous la surface de la Terre, et parfois, sur la surface. Le granite et l'obsidienne sont des roches ignées.

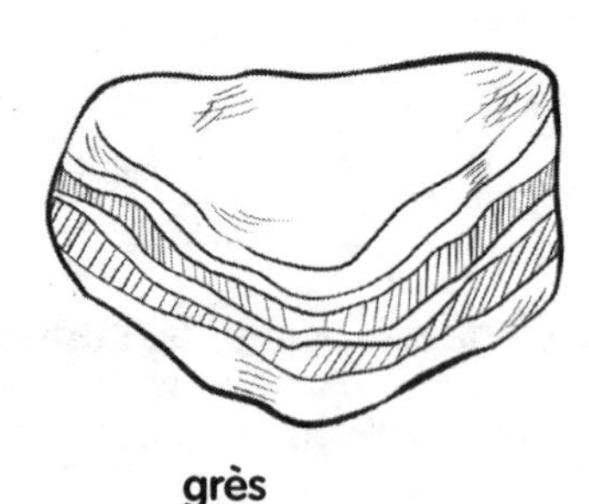

grès

Les roches *sédimentaires* sont formées de sédiments (de petits fragments d'autres roches). Les sédiments se déposent en couches au fond des lacs ou des océans. Les sédiments s'accumulent, et ceux du dessus exercent une pression sur ceux du dessous. Le poids comprime les sédiments et les transforme en une roche sédimentaire. Le calcaire et le grès sont des roches sédimentaires.

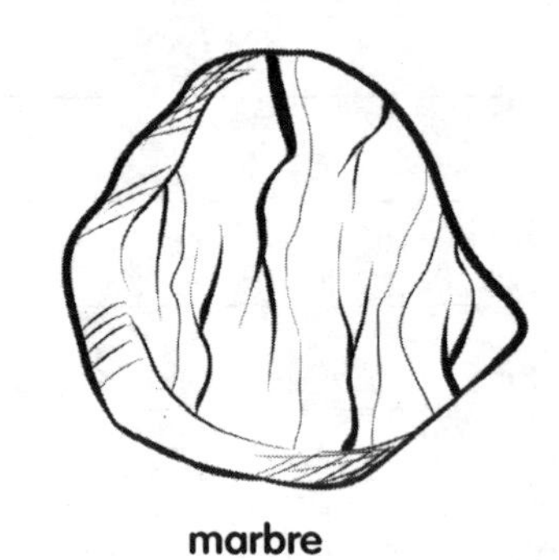

marbre

Les roches *métamorphiques* se composent de roches sédimentaires ou ignées qui ont été transformées par la compression ou la chaleur, ou les deux. La compression provient parfois d'un déplacement de la croûte terrestre. La chaleur peut être celle du magma qui « cuit » des roches voisines. La plupart des roches métamorphiques se forment loin sous la surface de la Terre. Le marbre et l'ardoise sont des roches métamorphiques.

Penses-y!

Tanya a trouvé une roche avec des rayures. Elle croit que les rayures sont des couches. De quel type de roche s'agit-il, ignée, sédimentaire ou métamorphique? Explique ta réponse.

____

____

____

____

____

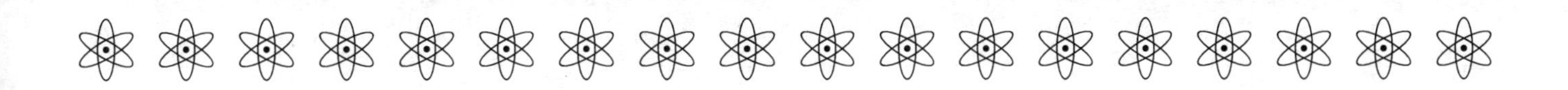

Le cycle des roches

Savais-tu que la Terre recycle constamment les roches? Voici ce qui se produit :

Le *magma* brûlant est poussé vers la surface de la Terre. (Quand le magma coule d'un volcan, on l'appelle « lave ».) Le magma se refroidit pour former des *roches ignées.*

Le vent et l'eau désagrègent les roches à la surface de la Terre. Avec le temps, les *sédiments* sont transportés vers un lac ou un océan. Là, ils forment des couches au fond de l'eau. Les sédiments finissent par se transformer en *roches sédimentaires.*

La chaleur et la compression transforment les roches sédimentaires en roches *métamorphiques*. Par exemple, quand les énormes plaques formant la surface de la Terre se déplacent, elles produisent beaucoup de chaleur. Cela fait fondre les roches et les transforme en magma.

« Le cycle des roches » - Penses-y!

1. Rémi trouve une roche noire luisante lors d'une randonnée près d'un volcan. La roche ressemble à du verre, mais la lumière ne peut pas la traverser. À ton avis, de quel type de roche s'agit-il? Pourquoi?

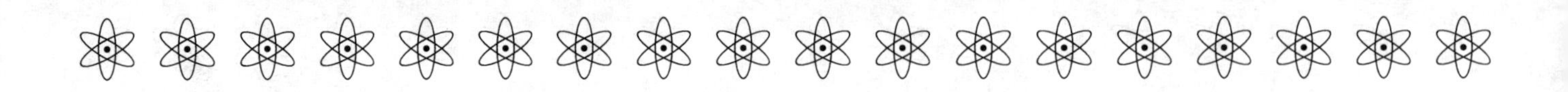

« Le cycle des roches » - Penses-y! (suite)

2. Conçois un schéma qui t'aidera à te rappeler les étapes du cycle des roches. Sers-toi de dessins ou de mots clés, ou des deux.

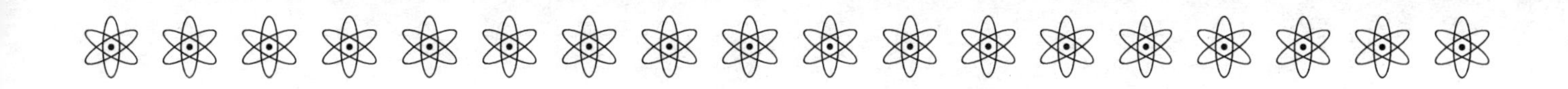

Activité sur le cycle des roches

Vous allez faire cette activité en groupe-classe. Vous voulez voir comment se déroule le cycle des roches. Avant de commencer, passe en revue les étapes du cycle. Puis lis les questions aux pages suivantes et réponds-y au cours de l'activité.

Tu as besoin

- de 3 ou 4 craies de cire de couleurs différentes
- d'un taille-crayon ou d'un couteau ordinaire
- d'un morceau de papier aluminium de 20 cm sur 30 cm
- de plusieurs gros livres
- d'une chandelle et d'allumettes
- d'une pince à linge
- d'un bol d'eau froide (facultatif)

Marche à suivre

1. Plie le papier aluminium en deux sur le sens de la longueur et appuie sur le pli.
2. Utilise le taille-crayon ou le couteau pour obtenir de minuscules copeaux de cire de différentes couleurs. Place ces copeaux au centre du papier aluminium. Tu dois avoir une pile d'environ 6 cm sur 6 cm, et de 1 à 2 cm d'épaisseur.
3. Plie le papier aluminium en deux de façon à couvrir les copeaux. Replie les bords pour ne pas que les copeaux tombent.
4. Pose ton paquet sur un livre et place un ou deux gros livres dessus. Attends 2 ou 3 minutes.
5. Ouvre le paquet avec précaution et observe les changements qui se sont produits.
6. Refais le paquet. Ajoute un ou deux gros livres à la pile. Demande à deux ou trois camarades d'appuyer, à tour de rôle, sur les livres afin d'augmenter la pression.
7. Ouvre le paquet et observe les changements.
8. Refais le paquet et assure-toi que les bords sont bien repliés.
9. Utilise la pince à linge pour tenir le paquet au-dessus d'une chandelle allumée pendant 2 ou 3 minutes afin de faire fondre la cire. Laisse refroidir le paquet. (Tu peux le placer dans un bol d'eau froide pour qu'il refroidisse plus vite.)
10. Ouvre le paquet. Observe les changements.

MISE EN GARDE

Assure-toi que ton enseignante ou enseignant, ou encore une autre personne adulte est présent à **l'étape 9**.

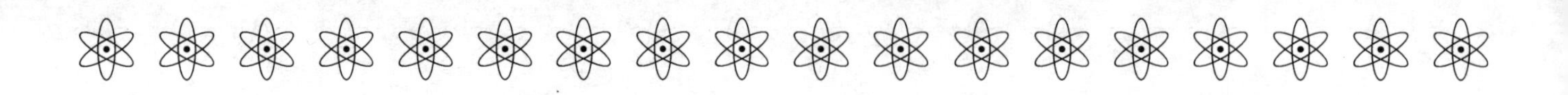

« Activité sur le cycle des roches » - Penses-y!

Après l'étape 2

1. Rappelle-toi que cette activité a pour but de t'aider à comprendre le cycle des roches.

a) Que représentent les crayons?

b) Que représentent les copeaux?

2. Les copeaux forment une pile sur le papier aluminium. Quelle étape du cycle des roches cela représente-t-il?

Après l'étape 4

3. Les gros livres exercent une pression sur les copeaux. Que représentent les gros livres?

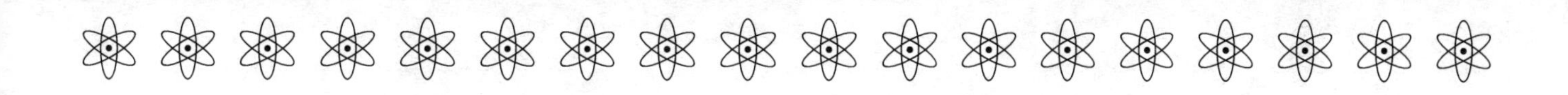

« Activité sur le cycle des roches » - Penses-y! (suite)

Après l'étape 5

4. Quel type de « roche » as-tu créé? ______________________________

Après l'étape 7

5. Tu as créé un nouveau type de « roche ». Duquel s'agit-il?

____

____

Après l'étape 9

6. La chaleur a fait fondre les « roches » à l'intérieur du paquet. Dans le cycle des roches, comment s'appellent ces roches à l'état liquide?

____

Après l'étape 10

7. Quel type de « roche » as-tu créé? ______________________________

8. Qu'est-ce qui arriverait ensuite dans le cycle des roches?

____

____

____

____

____

____

____

____

____

____

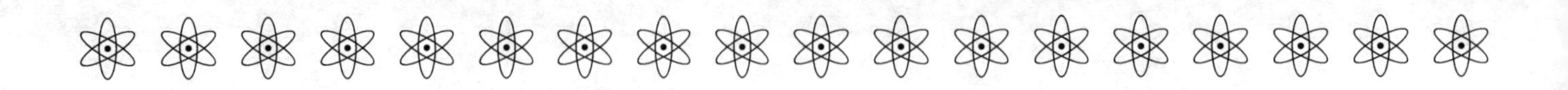

L'identification des minéraux

marteau brise-roche

Les géologues sont des scientifiques qui étudient la structure de la Terre. Comment identifient-ils les minéraux? Ils en comparent les propriétés (caractéristiques), telles que celles énumérées ci-dessous.

La couleur

Il peut être utile d'examiner la couleur d'un minéral. Certains minéraux peuvent être de différentes couleurs. Le quartz, par exemple, peut être clair, mauve, jaune, vert, brun ou rose. La malachite est toujours verte, mais beaucoup d'autres minéraux sont aussi verts. La couleur n'est donc pas suffisante pour identifier un échantillon d'un minéral.

Le lustre

Le minéral reflète-t-il la lumière? L'or brille sous la lumière. Le lustre, ou éclat, est créé par le reflet de la lumière sur l'or. Les géologues utilisent divers mots pour décrire le lustre. L'or, par exemple, à un éclat métallique, le quartz a un éclat vitreux et le turquoise a un éclat cireux (le reflet que produit la lumière sur une chandelle).

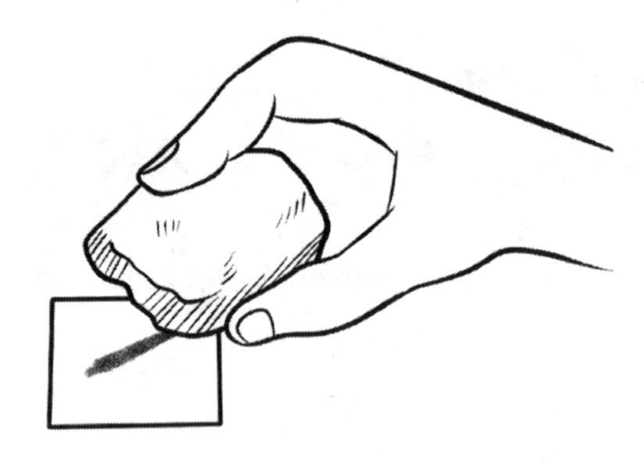

plaque de porcelaine

La trace

Si tu frottes un minéral sur une plaque de porcelaine non émaillée, il y laisse un trait de poudre. Ce trait se nomme « trace ». La trace d'un minéral donné est toujours de la même couleur. Le quartz, quelle que soit sa couleur, laisse toujours une trace blanche.

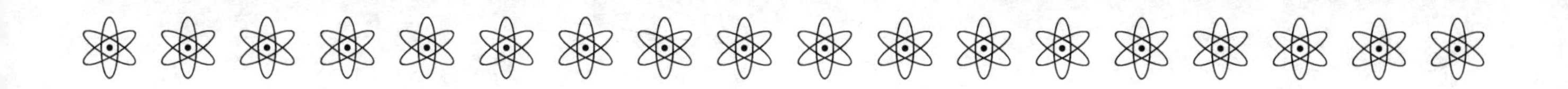

La transparence

Les géologues voient aussi si l'échantillon laisse passer la lumière.
(La transparence est différente du lustre. Le lustre mesure la réflection.)
La transparence se divise en trois catégories :

- Transparent - On peut voir des objets à travers le minéral.
- Translucide - La lumière traverse le minéral, mais on ne peut pas voir des objets à travers le minéral.
- Opaque - Le minéral ne laisse passer aucune lumière.

La dureté

Certains minéraux sont très tendres et faciles à rayer. D'autres sont très durs et très difficiles à rayer. Le diamant est le minéral le plus dur. Pour tester la dureté d'un minéral, les géologues se servent de l'échelle de Mohs (du nom de l'inventeur de l'échelle, Friedrich Mohs).

Mohs a choisi 10 minéraux comme étalons dans son échelle; le chiffre 10 correspond aux minéraux les plus durs. Les minéraux de l'échelle peuvent être utilisés pour tester la dureté d'un échantillon. Les géologues utilisent chaque minéral dans leur évaluation d'un échantillon. Seul un minéral plus dur que l'échantillon pourra rayer celui-ci. Par exemple, la topaze peut rayer le quartz, mais le feldspath ne le peut pas. Si la topaze peut rayer l'échantillon, les géologues savent que celui-ci est moins dur que la topaze. Le nombre des possibilités est réduit.

Les ouvrages de référence scientifiques fournissent les propriétés de divers minéraux. Les géologues les consultent pour identifier les échantillons.

Échelle de Mohs
1 Talc
2 Gypse
3 Calcite
4 Fluorite
5 Apatite
6 Feldspath
7 Quartz
8 Topaze
9 Corindon
10 Diamant

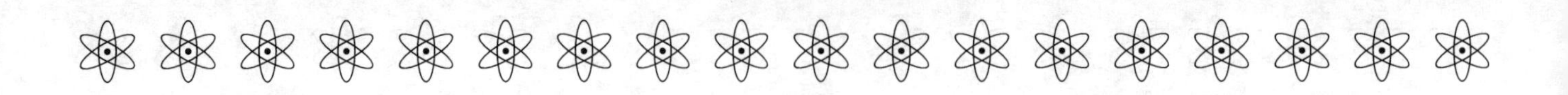

« L'identification des minéraux » - Penses-y!

1. Juan raie un échantillon d'un minéral avec un morceau de quartz. Quelle propriété de l'échantillon étudie-t-il? ______________________

2. Suzie tient un échantillon d'un minéral devant une lumière. La lumière traverse l'échantillon, mais Suzie ne peut pas voir à travers l'échantillon.

a) Quelle propriété du minéral Suzie étudie-t-elle? ______________________

b) Quel mot utiliserait-elle pour décrire l'échantillon? ______________________

3. Kwame a deux échantillons de minéraux qui se ressemblent. Il ne sait pas s'il s'agit de deux échantillons du même minéral. Il raie chacun sur une plaque de porcelaine. Les échantillons laissent des traces de couleurs différentes.

a) Quelle propriété des minéraux Kwame étudie-t-il? ______________________

b) Pourrait-il s'agir de deux échantillons du même minéral? Comment le sais-tu?

____

____

____

4. Thierry tient un échantillon d'un minéral sous une lumière. Il remarque que l'échantillon brille comme le métal.

a) Quelle propriété du minéral étudie-t-il? ______________________

b) Quel mot utiliserait-il pour décrire la façon dont l'échantillon reflète la lumière? ______________________

5. Pourquoi n'est-il pas suffisant de regarder seulement la couleur quand il s'agit d'identifier un échantillon d'un minéral?

____

____

____

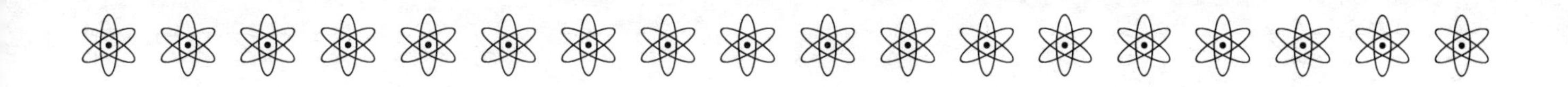

Exploitation minière - Le pour et le contre

Extraction de minéraux

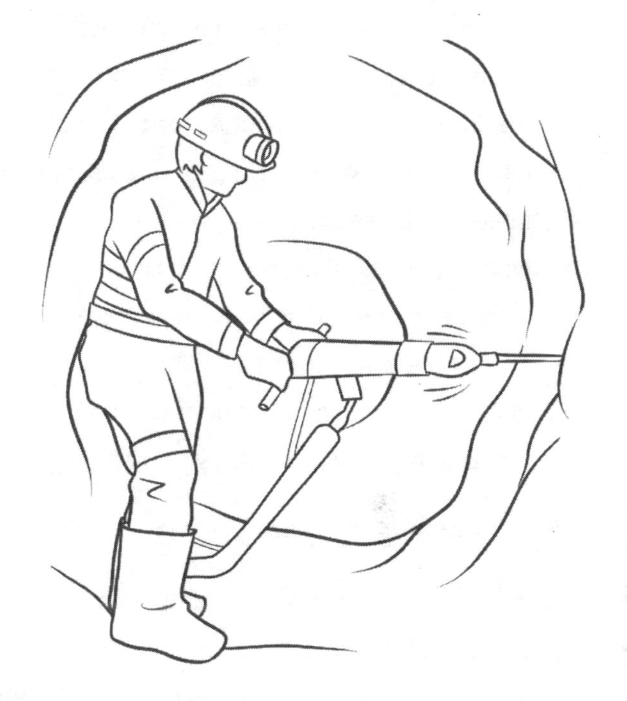

On nomme « minerai » la roche qui contient des substances minérales. L'extraction est le processus par lequel on creuse pour trouver le minerai. Si le minerai est près de la surface, les mineurs peuvent creuser une mine à ciel ouvert. Ils commencent par enlever la terre à la surface pour arriver jusqu'au minerai. Puis ils utilisent des explosifs comme la dynamite ou encore des outils électriques pour briser le minerai en morceaux. Le minerai est ensuite envoyé à une affinerie, où on sépare les minéraux utiles de la roche.

Si le minerai se trouve très loin sous la surface, les mineurs créent une mine souterraine en creusant des tunnels. Ils se rendent dans la mine au moyen d'un ascenseur et travaillent dans divers tunnels pour extraire le minerai des parois des tunnels. Le minerai est ensuite transporté à la surface, puis envoyé à une affinerie.
L'exploitation minière est importante parce que nous avons besoin de minéraux. Nous utilisons ceux-ci dans la fabrication de choses telles que de la pâte dentifrice, des médicaments et des avions. Mais l'exploitation minière cause aussi des problèmes. Voici quelques avantages et inconvénients de l'exploitation minière.

Les avantages

- **Des produits utiles** : Les minéraux font partie de nombreux produits que nous utilisons chaque jour, y compris les voitures, les ordinateurs, les cellulaires et les téléviseurs. Peux-tu imaginer ce que serait la vie sans ces objets?
- **Des emplois** : L'exploitation minière procure des emplois. Les gens qui travaillent dans des affineries perdraient leurs emplois si on n'exploitait plus les mines. Beaucoup des mines canadiennes sont dans des endroits où on trouve peu d'autres emplois.
- **L'exportation** : Les mines canadiennes produisent plus de minéraux qu'on n'en a besoin au Canada. Les sociétés minières vendent donc l'excédent à d'autres pays. Cela procure un revenu et des emplois au Canada.
- **De nouvelles technologies** : De nouvelles machines et idées rendent aujourd'hui l'exploitation minière plus sécuritaire et plus efficace. D'autres lieux de travail peuvent aussi se servir de ces machines et idées.

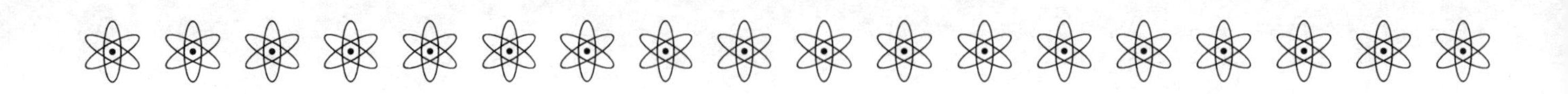

Les inconvénients

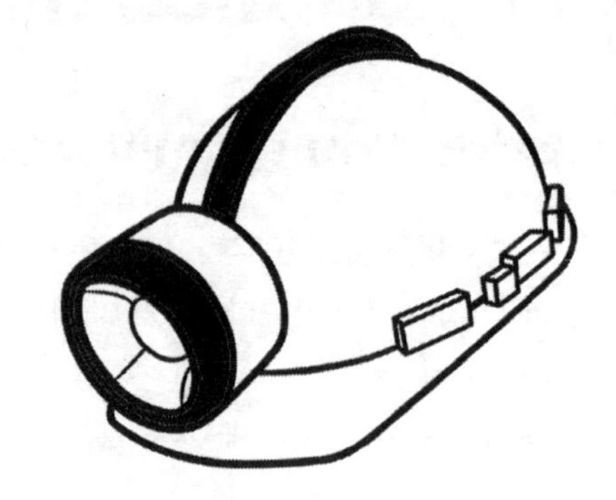

- **Les risques pour les mineurs** : Travailler dans une mine peut être dangereux. Les mineurs peuvent être bloqués sous la terre si un tunnel s'effondre. Les mineurs respirent aussi des gaz dangereux et de la poussière de roche dans les mines.
- **Les effets sur l'environnement** : L'exploitation minière produit une pollution dangereuse. De plus, creuser des mines peut détruire des habitats qui assurent la survie de certains animaux. Certaines sociétés minières essaient de rétablir des habitats. Mais les effets dévastateurs sur les populations animales peuvent être permanents.
- **Les mines abandonnées** : Quand tous les minéraux ont été extraits d'une mine, il arrive qu'on abandonne celle-ci. Les mines abandonnées sont des endroits dangereux pour les personnes curieuses qui veulent les explorer.

Fermeture d'une mine

Tara vit dans une petite ville, dans le nord de sa province. Il y a plusieurs années, la ville comptait peu d'habitants. Mais un jour, on a ouvert une mine tout près. Maintenant, la ville compte plus de 1000 habitants, dont beaucoup travaillent dans la mine. Or, la semaine dernière, le journal a annoncé que la mine va fermer l'année prochaine.

« Exploitation minière - Le pour et le contre » - Penses-y!

À ton avis, que pensent les personnes ci-dessous de la fermeture de la mine? Explique tes réponses.

1. Les mineurs et leurs familles : ______________________________

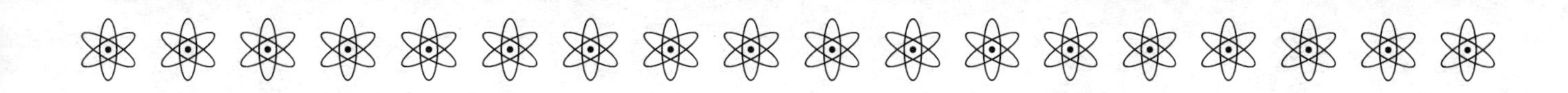

« Exploitation minière - Le pour et le contre » - Penses-y! (suite)

2. Les gens qui se soucient de l'environnement : ____________________

3. Les propriétaires de commerces et de restaurants dans la ville : ____________________

4. Les gens qui travaillent à protéger les populations animales : ____________________

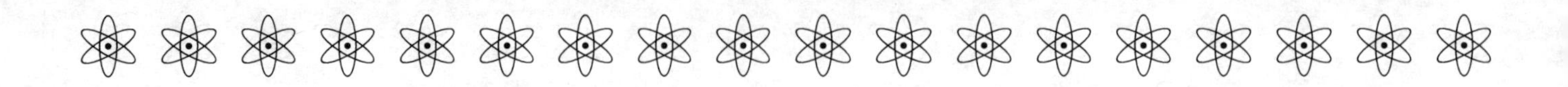

Les minéraux chez toi

Beaucoup de matériaux de construction contiennent des minéraux. En voici quelques exemples :

Briques et carreaux de céramique

On utilise de l'argile, une substance minérale, pour fabriquer des briques et des carreaux. L'argile humide est facile à façonner. Une fois cuit, l'argile est très solide. L'argile est aussi un bon isolant. Il protège du froid l'hiver et de la chaleur l'été.

Mortier

Les briqueteuses et briqueteurs mettent du mortier entre les briques pour les maintenir en place. Le mortier contient de l'argile et d'autres minéraux, comme le gypse. Le mortier est collant quand il est humide. Il colle donc aux briques. Quand il sèche, il solidifie les murs de briques. Il empêche aussi l'eau de pénétrer dans la maison.

Cloison sèche

La cloison sèche est faite de grands panneaux qu'on utilise pour construire les murs intérieurs d'une maison. On appelle parfois ces panneaux « panneaux de gypse ». Le gypse est la composante principale de la cloison sèche.

Pour fabriquer la cloison sèche, on fait une pâte avec de l'eau et du gypse. On étend le mélange, puis on le recouvre des deux côtés d'un carton spécial. Après que la pâte a durci, on fait cuire la cloison pour la solidifier encore plus. Ensuite, on la découpe en panneaux. Le gypse ne s'enflamme pas facilement. Une cloison sèche rend un bâtiment solide et sécuritaire.

Fils électriques

Le cuivre, un minéral, est utilisé dans la fabrication des fils électriques. L'électricité circule facilement dans le cuivre. On peut aussi courber les fils de cuivre sans les briser.

Dans le passé, la tuyauterie dans les maisons était faite de cuivre. Or, comme le cuivre coûte aujourd'hui très cher, on utilise des matériaux moins chers dans les nouvelles maisons.

Robinets

Les robinets de ta cuisine et de ta salle de bains sont probablement de couleur argent. C'est parce qu'ils sont recouverts d'une couche d'un métal appelé « chrome ». Le chrome est tiré de la chromite, un minéral. Le chrome ne rouille pas facilement. C'est donc un bon matériau à utiliser là où il y a de l'humidité.

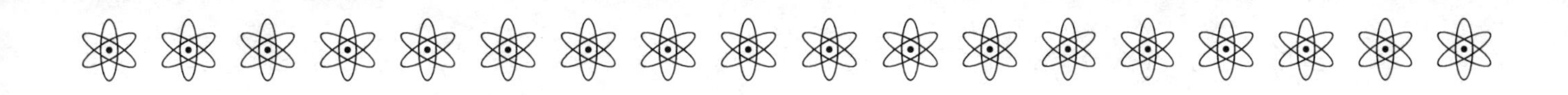

Interrogation : Les minéraux chez toi

Le savais-tu?

- On utilise plus de 30 minéraux dans la fabrication d'un téléviseur.
- On utilise plus de 40 minéraux dans la fabrication d'un téléphone.

Beaucoup des produits qu'on utilise à la maison sont faits à partir de minéraux.

Au bas de la page, associe chaque produit au minéral qu'il contient. Les propriétés de chaque minéral (voir le tableau) te fourniront des indices.

Minéral	Propriétés
Mica	• Peut être broyé en une poudre • Reflète la lumière
Quartz	• Est dur et transparent • Est imperméable
Halite	• Se dissout dans l'eau • A un goût salé
Corindon	• Est très dur • Peut être broyé en minuscules particules rugueuses
Talc	• Est très doux et se défait facilement • Absorbe les liquides
Argile	• Se mélange bien avec les liquides • A une texture granuleuse et rude au toucher
Graphite	• Est plutôt doux • Laisse une trace noire quand on le frotte sur quelque chose

1. On utilise une lime pour se limer les ongles. Minéral : ______________________

2. La poudre pour bébés garde la peau des bébés sèche. Minéral : ______________________

3. On verse des liquides dans un verre transparent. Minéral : ______________________

4. Un crayon fait des traits qu'on peut effacer. Minéral : ________________

5. Le sel ajoute de la saveur à nos mets. Minéral : ______________________

6. Un nettoyeur pour cuisinière enlève les gouttes de liquide qui ont séché sur la surface.

Minéral : ____________________

7. Certains cosmétiques scintillent. Minéral : ____________________

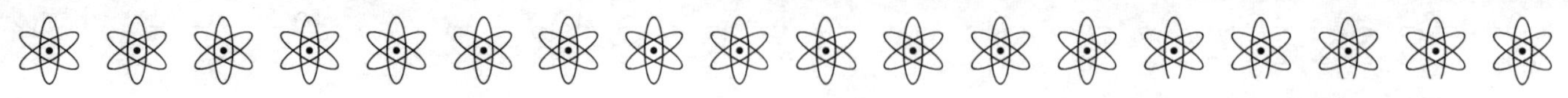

Les fossiles dans les minéraux

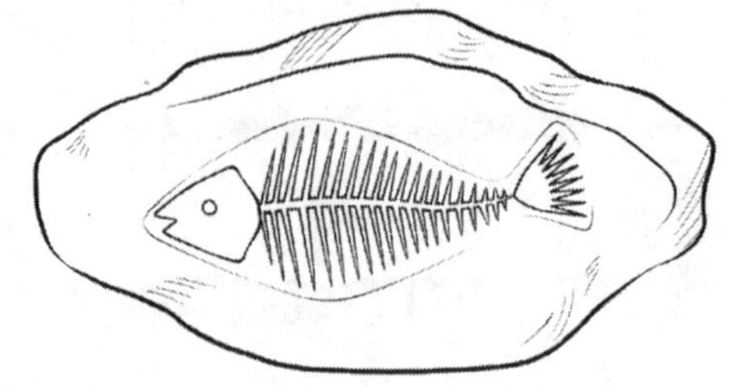

Voici comment les fossiles se forment et pourquoi nous pouvons en trouver à la surface de la Terre.

Étape 1 Un animal meurt. Son corps coule au fond de l'eau. Les parties molles de son corps se décomposent. Il ne reste que les os et les dents. Le squelette est peu à peu recouvert de sédiments.

Étape 2 Des couches de sédiments s'accumulent sur le squelette. Le poids de ces couches transforme les sédiments en roche. Cela prend des milliers d'années.

Étape 3 L'eau dissout lentement les os du squelette, ce qui laisse une cavité dans la roche ayant la même forme que le squelette.

Étape 4 Les minéraux dans l'eau s'accumulent dans la cavité. Avec le temps, les minéraux remplissent la cavité et prennent la forme du squelette. Un fossile s'est formé.

Étape 5 Comment peut-on trouver des fossiles à la surface de la Terre s'ils se forment loin en dessous? Des phénomènes naturels les poussent vers la surface. Il peut s'agir d'un tremblement de terre ou de la création d'une montagne. Avec le temps, le vent et l'eau usent la roche, ce qui met au jour le fossile.

Faits sur les fossiles

- Les fossiles se forment dans la roche sédimentaire. Celle-ci se compose de couches de sédiments qui recouvrent un squelette et le transforment en un fossile.
- Les fossiles les plus anciens que l'on connaisse se sont formés il y a environ 3,5 milliards d'années.
- Les plantes peuvent aussi devenir des fossiles.
- Les fossiles nous renseignent sur les animaux qui ont disparu il y a très longtemps.
- Certains fossiles montrent des traces que les animaux ont laissées. Des œufs, des nids, des empreintes, et même des excréments d'animaux peuvent devenir des fossiles.

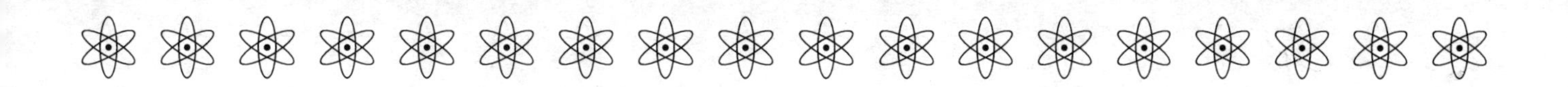

Crée ton propre fossile

Tu peux voir comment les fossiles se forment, au moyen de quelques objets.

Tu as besoin

- de pâte à modeler
- d'un petit objet à « fossiliser », tel qu'un coquillage
- de la vaseline

Marche à suivre

Fabrique un moule pour ton fossile

1. Façonne la pâte à modeler en deux petites plaques épaisses. Chaque plaque doit être un peu plus épaisse que l'objet à fossiliser.
2. Étends de la vaseline sur l'objet à fossiliser. Cela empêchera l'objet de coller à la pâte à modeler.
3. Pose l'objet sur l'une des plaques. Pousse-le dans la pâte à modeler, mais pas jusqu'au fond. Une partie de l'objet doit dépasser de la plaque.
4. Place la deuxième plaque sur la première. Appuie dessus pour t'assurer que la pâte à modeler entoure l'objet.
5. Soulève la plaque du dessus. Retire soigneusement l'objet de la plaque inférieure. Essaie de ne pas étirer la plaque inférieure en retirant l'objet.
6. Laisse les deux plaques à l'air ambiant jusqu'à ce que la pâte soit sèche. Les cavités que ton objet a créées dans les plaques forment le moule de ton fossile.

Fabrique le fossile

7. Étends de la vaseline dans les deux cavités.
8. Fais une boule avec de la pâte à modeler molle et mets-la dans une des cavités de ton moule.
9. Place l'autre cavité dessus et appuie doucement. La boule va prendre la forme du moule.
10. Ouvre lentement le moule et retire avec précaution le fossile que tu as fabriqué. Laisse-le sécher.

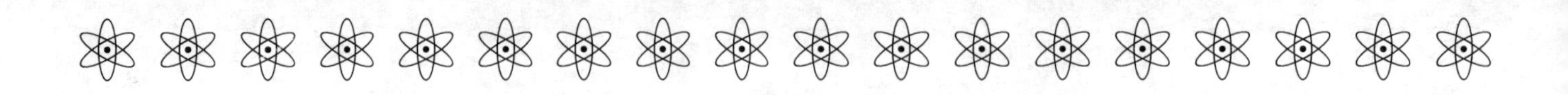

« Les fossiles dans les minéraux/Crée ton propre fossile » - Penses-y!

Passe en revue l'information donnée dans « Les fossiles dans les minéraux » ainsi que les consignes pour l'activité « Fabrique ton propre fossile ». Remplis le tableau ci-dessous pour comparer l'activité à la façon dont les fossiles se forment réellement.

Dans l'activité	Comment les fossiles se forment réellement
1. On crée un moule en pressant un objet entre deux plaques de pâte à modeler.	
2. On presse une boule de pâte à modeler entre les deux parois du moule.	
3. On « découvre » le fossile en ouvrant le moule.	

Le savais-tu?

Deux endroits au Canada sont reconnus pour les fossiles étonnants qu'on y a trouvés. L'un d'eux est la ville de Drumheller, en Alberta. L'autre est une formation rocheuse appelée schiste de Burgess qui est située dans les montagnes Rocheuses, en Colombie-Britannique. Fais une recherche dans Internet pour voir des photos de fossiles qu'on a trouvés dans ces deux endroits.

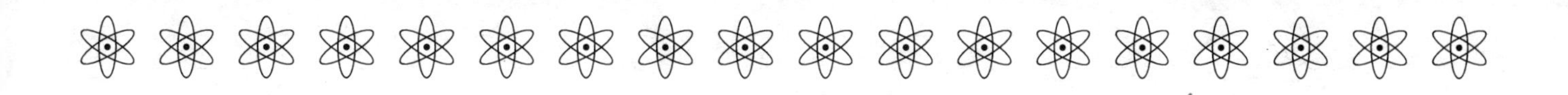

Mots croisés - Roches et minéraux

Sers-toi de tes connaissances sur les roches et les minéraux pour remplir la grille.

Horizontalement

3. Empreinte d'un squelette qu'on trouve dans les minéraux

4. Minéral utilisé dans la fabrication d'une cloison sèche

5. Le type de roche qui est transformé par la chaleur ou la pression, ou les deux

10. Ligne de poudre laissée par un minéral qu'on frotte sur une surface

11. Magma qui est éjecté d'un volcan

12. Substance qui se dépose au fond d'un lac ou d'un océan et qui finit par se transformer en roche

Verticalement

1. La substance la plus dure qu'on trouve dans la nature et dont la dureté est évalué à 10 dans l'échelle de Mohs

2. Mot utilisé pour décrire un minéral qui ne laisse pas passer la lumière

5. Ne se compose que d'une seule substance, contrairement à la roche

6. Minéral qui ajoute de la saveur à tes mets

7. Roche tendre qu'on peut facilement sculpter

8. Minéral utilisé dans la fabrication des fils électriques

9. Caractéristique d'un minéral relié à sa capacité à refléter la lumière

				1						2		
3								4				
5								6				
												7
		8				9						
								10				
11												
					12							

Spécialiste des sciences!

Tu es formidable!

Excellent travail!

Continue tes efforts!

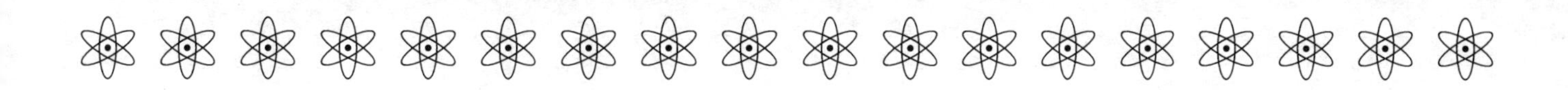

Grille d'évaluation - Sciences

	Niveau 1 Rendement inférieur aux attentes	Niveau 2 Rendement se rapproche des attentes	Niveau 3 Satisfait les attentes	Niveau 4 Surpasse les attentes
Connaissance des concepts	• L'élève démontre une compréhension limitée des concepts. • L'élève donne rarement des explications complètes. • L'élève a besoin de beaucoup d'aide de la part de l'enseignant(e).	• L'élève démontre une compréhension satisfaisante de la plupart des concepts. • L'élève donne parfois des explications appropriées mais incomplètes. • L'élève a parfois besoin de l'aide de l'enseignant(e).	• L'élève démontre une grande compréhension de la plupart des concepts. • L'élève donne habituellement des explications complètes ou presque complètes. • L'élève a besoin de peu d'aide de l'enseignant(e).	• L'élève démontre une compréhension solide de presque tous les concepts. • L'élève donne presque toujours des explications appropriées et complètes, sans aide. • L'élève n'a pas besoin de l'aide de l'enseignant(e).
Mise en application des concepts	• L'élève établit des liens entre les concepts et le monde réel avec beaucoup d'aide de la part de l'enseignant(e). • L'élève met rarement les concepts en application de manière appropriée et précise.	• L'élève établit des liens entre les concepts et le monde réel avec l'aide de l'enseignant(e). • L'élève met parfois les concepts en application de manière appropriée et précise.	• L'élève établit des liens entre les concepts et le monde réel avec peu d'aide de l'enseignant(e). • L'élève met habituellement les concepts en application de manière appropriée et précise.	• L'élève établit, sans aide, des liens entre les concepts et le monde réel. • L'élève met presque toujours les concepts en application de manière appropriée et précise.
Communication écrite des idées	• L'élève utilise peu le processus de la pensée critique pour exprimer ses idées. • Peu de ses idées sont bien organisées et efficaces.	• L'élève utilise parfois le processus de la pensée critique pour exprimer ses idées. • Certaines de ses idées sont bien organisées et efficaces.	• L'élève utilise bien le processus de la pensée critique pour exprimer ses idées. • La plupart de ses idées sont bien organisées et efficaces.	• L'élève utilise efficacement le processus de la pensée critique pour exprimer ses idées. • Ses idées sont toujours bien organisées et efficaces.
Communication orale des idées	• L'élève utilise rarement la terminologie appropriée dans les discussions.	• L'élève utilise parfois la terminologie appropriée dans les discussions.	• L'élève utilise habituellement la terminologie appropriée dans les discussions.	• L'élève utilise presque toujours la terminologie appropriée dans les discussions.

Remarques : ______________________________

____

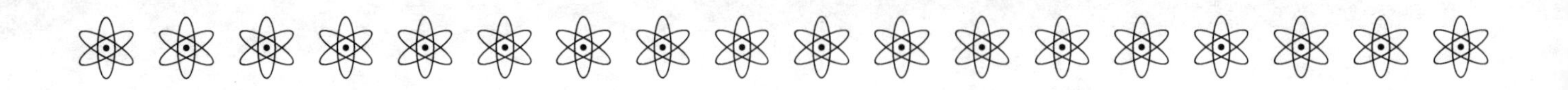

Domaine des sciences ____________________

Nom de l'élève	Connaissance des concepts	Mise en application des concepts	Communication écrite des idées	Communication orale des idées	Note générale

Module : Habitats et communautés

Les habitats, pages 2-3

1. Non. Le nid fournit un abri, mais non la nourriture, l'eau et l'espace dont l'oiseau a besoin pour chasser et trouver une compagne ou un compagnon.
2. Oui, parce qu'elle pourrait fournir la nourriture, l'eau, l'air, la lumière et l'espace dont ont besoin les plantes et les animaux pour survivre.
3. Afin qu'ils puissent se reproduire et élever une famille.
4. Un lac ou un ruisseau fournit aux castors la boue nécessaire pour construire leurs huttes, ainsi que l'eau où les construire. La forêt autour du plan d'eau leur fournit les rondins et les branches dont ils ont besoin pour construire leurs huttes et pour se nourrir.

Divers types d'habitats, pages 4-6

1. Habitat du raton laveur : la ville. Les ratons laveurs trouvent leur nourriture dans les poubelles, et la ville compte un grand nombre de poubelles.
2. Habitat du corail : l'océan. Si les plongeuses et plongeurs en scaphandre doivent faire attention au corail, c'est que le corail a besoin d'un habitat sous-marin.
3. Habitat de l'alligator : une zone humide. Une zone humide fournit aux alligators des marécages et autres endroits où ils peuvent chasser tant les animaux marins que les animaux terrestres.
4. Habitat du blaireau : la prairie. Les blaireaux chassent les écureuils terrestres, qui vivent dans la prairie.

Les adaptations des animaux, pages 7-9

1. Les réponses varieront. Exemples de réponses : Oiseaux : Les plumes leur permettent de voler et de se tenir chaud lorsqu'il fait froid. Girafes : Leur long cou leur permet de manger les feuilles dans les plus hautes branches, que les autres animaux ne peuvent pas atteindre. Castors : Leur queue large et plate les aide à nager et à se diriger dans l'eau, ainsi qu'à se maintenir en équilibre lorsqu'ils transportent des branches. Elle leur sert aussi de signal d'alarme. Serpents : Leurs mâchoires s'ouvrent grand afin qu'ils puissent avaler les grosses proies. Ils n'ont donc pas à manger souvent. Les élèves pourraient suggérer d'autres adaptations, comme le bec particulier de certains oiseaux qui les aide à briser des graines ou à attraper des insectes dans l'écorce, ou les griffes de certains animaux qui les aident à capturer leurs proies.
2. Exemples de réponses : Nager : Canard - pattes palmées; Poisson - nageoires; Phoque - nageoires
3. Exemples de réponses : Chasser : Hibou - ailes pour voler, griffes acérées, excellente vue; Serpent à sonnettes - venin; Requin - dents pointues
4. Exemples de réponses : Se cacher : Ours polaire - pelage blanc pour se cacher dans le neige; Caméléon - capacité à changer de couleur; Tortue - carapace d'une couleur qui se mêle à celles de son habitat

Les êtres humains et les habitats, pages 10-11

Les réponses varieront. Exemples de réponses :

1. Heureux, parce que l'abattage des arbres fournira de l'espace où bâtir des maisons. Ton entreprise va survivre.
2. Malheureuse, parce que beaucoup de plantes seront détruites. Les animaux qui vivent dans la forêt vont perdre leur habitat et pourraient mourir s'ils ne trouvent nulle part ailleurs où vivre.
3. Heureux, parce que tu peux acheter une des nouvelles maisons.

Les communautés, pages 12-13

1. Les membres des deux types de communautés sont ensemble dans un même endroit et ils dépendent les uns des autres pour la satisfaction de leurs besoins.
2. Les animaux et les plantes sont aussi importants les uns que les autres dans la communauté d'un habitat parce qu'ils dépendent les uns des autres pour leur survie. Par exemple, beaucoup d'animaux ont besoin des plantes comme nourriture ou abri, et les animaux peuvent aider les espèces de plantes à survivre en répandant leurs graines.
3. Les dessins devraient montrer deux exemples d'animaux et de plantes interdépendants. Vous pourriez demander aux élèves de se montrer leurs dessins et d'en discuter en équipes de deux ou en petits groupes.

Les chaînes alimentaires, pages 14-15

1. Le Soleil fournit l'énergie qui est à l'origine de la chaîne alimentaire.
2. Si toutes les sauterelles disparaissaient, les grenouilles n'auraient plus assez de nourriture. Il y aurait aussi plus d'herbe que les sauterelles ne mangeraient pas; la chasse serait donc plus difficile pour d'autres animaux. Chaque animal de la chaîne finirait par mourir de faim.
3. lumière solaire
plante
lapin
renard
4. lumière solaire
algue
crevette
poisson
phoque
ours polaire

Producteurs, consommateurs et décomposeurs, pages 16-17

1. Le papillon. Il n'est pas un producteur parce que seules les plantes sont des producteurs.
2. Les décomposeurs dégradent les plantes et les animaux morts en petits morceaux que les plantes vivantes peuvent utiliser pour fabriquer leur nourriture.
3. Soleil - ni P ni C; Plantes - P; Chevreuil - C; Loup - C
4. Les plantes n'auraient pas suffisamment de petits morceaux d'êtres morts pour fabriquer leur nourriture. Les consommateurs auraient moins de plantes à manger et viendraient à manquer de nourriture.
5. a) Faux b) Faux

Qu'y a-t-il à manger? pages 18-19

1. Herbivores : papillon, chevreuil, girafe; Omnivore : chimpanzé, cochon, raton laveur; Carnivore : dauphin, requin, serpent
2. Les êtres humains sont omnivores de par leur nature, bien que certains d'entre eux choisissent d'être des herbivores (végétariens).
3. a) carnivores (A) b) herbivore (N) c) omnivore (A) d) herbivores (A)

Les habitats naturels et les êtres humains, pages 20-21

1. Non, parce que les fermes sont créées par les êtres humains.
2. Quand on recycle les produits de papier, il n'est pas nécessaire d'abattre d'autres arbres pour fabriquer le papier. Les arbres sont une partie importante des habitats que forment les forêts. Abattre moins d'arbres permet donc de conserver ces habitats.
3. Les dessins varieront. Assurez-vous que les élèves ont dessiné un habitat naturel.

Un habitat pour satisfaire ses besoins, page 22

1. Il ne pourrait pas survivre, puisqu'il ne peut vivre que là où pousse l'eucalyptus.
2. Les animaux et plantes qui ne peuvent vivre que dans cet habitat, parce qu'il se pourrait que l'habitat ne puisse plus satisfaire leurs besoins particuliers.

Mots cachés - Les habitats, page 23

1. habitat **2.** adaptation **3.** communauté **4.** chaîne **5.** décomposeur **6.** carnivore

D	E	C	O	M	P	O	S	E	U	R	A	Z
K	G	H	E	A	L	A	M	I	N	A	R	H
E	D	A	T	H	A	B	I	T	A	T	B	J
R	N	I	R	S	N	I	A	M	U	H	R	O
O	A	N	E	I	T	X	T	R	E	S	E	D
V	E	E	S	J	E	R	V	I	V	R	U	S
I	C	R	U	E	T	C	U	D	O	R	P	E
N	O	U	R	R	I	T	U	R	E	W	S	T
R	Z	Y	N	O	I	T	A	T	P	A	D	A
A	P	G	H	P	O	L	L	U	T	I	O	N
C	O	M	M	U	N	A	U	T	E	X	W	G

Module : Poulies et engrenages

Qu'est-ce qu'une poulie? pages 24-25

1. Vers le haut
2. Vers le bas
3. Changement de direction pour exercer la force, et moins de force nécessaire
4. Les réponses varieront.

Expérience : Fabrique une poulie simple, page 26

Fixe, parce que le manche du balai est fixé aux chaises et ne bouge pas.

Expérience : Fabrique une poulie mobile, page 27

1. Le trombone a monté. Il s'agit d'une poulie mobile. Quand j'ai tiré sur la ficelle, elle a tiré le trombone vers le haut.
2. Exemple de réponse : Utiliser une ficelle et un trombone plus solides. Fixer la ficelle plus solidement à la table.

Qu'est-ce qu'un engrenage? pages 28-29

1. a) 1re roue : sens inverse des aiguilles d'une montre; 2e roue : sens des aiguilles d'une montre; 4e roue : sens des aiguilles; 5e roue : sens inverse
   b) 1re roue : sens des aiguilles d'une montre; 2e roue : sens inverse des aiguilles d'une montre; 3e roue : sens des aiguilles
2. Plus lentement, parce que la grande roue a deux fois plus de dents que la petite roue; la petite roue doit donc faire deux tours complets pour chaque tour de la grande roue.
3. La grande roue a fait 1,5 tour. Comme la grande roue a deux fois plus de dents que la petite, la petite roue tourne deux fois plus vite que la grande, et la grande roue tourne deux fois moins vite que la petite. Deux fois moins vite, c'est la moitié du nombre de tours; une demie de 3 égale 1,5.

Poulies et engrenages dans ton quotidien, page 30

1. Parce que les deux extrémités de la corde à linge doivent bouger
2. Pour faire tourner le tambour où on met les vêtements
3. Pour faire monter le drapeau à une hauteur qu'une personne ne peut pas atteindre

Deux façons de conserver l'énergie, pages 31-32

Exemples de réponses :

1. Mme Pétrov pourrait faire du covoiturage ou s'acheter une voiture plus écoénergétique.
2. Veuillez prendre l'escalier, si vous le pouvez.

Dans des directions opposées, pages 33-34

1. a) Dans le sens inverse, parce que les deux brins de la courroie entre la poulie A et la poulie B se croisent. b) Dans le sens des aiguilles. Comme les brins de la courroie entre la poulie D et la poulie A ne se croisent pas, les deux poulies tournent dans la même direction.
2. a) Deux poulies dentées voisines ne peuvent pas tourner dans la même direction. b) Ajouter ou enlever une roue.

Changement de direction : Engrenages coniques, pages 35-36

1. le vent
2. verticalement
3. horizontalement
4. Le vent est la force qui fait tourner la meule.
5. vertical, horizontal
6. Engrenage conique, parce qu'il permet de changer l'angle du mouvement.

Changement de direction : Les roues à vis sans fin, page 37

1. Une personne fait tourner le bouton.
2. Une roue à vis sans fin. Une roue droite ne peut pas faire tourner une roue à vis sans fin. La roue à vis sans fin doit être la première étape.
3. Oui. Si on fait tourner horizontalement la première roue conique, l'engrenage transformera le mouvement horizontal en un mouvement vertical, ce qui fera tourner les aiguilles de l'horloge.
4. Le mouvement horizontal du bouton se transforme en un mouvement vertical des aiguilles.

Changement de direction : Engrenage à crémaillère, page 38

1. Le pignon fait bouger la crémaillère, ce qui resserre la boucle.
2. La main ou le muscle est la force.
3. La poignée est le pignon. La barre est la crémaillère.
4. Le pignon tournerait dans une direction, puis dans l'autre.

Engrenages d'un vélo, pages 39-40

1. La vitesse la plus basse (la roue dentée ayant le plus grand diamètre) est préférable parce que tu n'as pas à pédaler autant pour faire tourner les roues.
2. La plus haute (la roue dentée la plus petite) parce que les roues tournent plusieurs fois à chaque tour de pédales.
3. Non, le mouvement des pédales est le même que celui des roues : vertical et circulaire. Oui, le système d'engrenages peut accroître la force exercée sur les pédales (les roues du vélo tournent plus vite que les pédales à haute vitesse, et plus lentement que les pédales à basse vitesse).
4. La roue avant est l'élément de sortie parce que l'élément d'entrée (les pédales) la fait tourner. Je le sais parce que si on renverse un tricycle et qu'on en tourne les pédales, les roues arrière ne tourneront pas, mais la roue avant tournera.

Des poulies au travail : Le tapis roulant, page 41

1. Le tapis roulant épargne les efforts et le temps nécessaires pour transporter les produits jusqu'à la caisse.
2. Dans le sens des aiguilles d'une montre, parce que deux poulies reliées par une courroie dont les brins ne se croisent pas tournent dans la même direction.

Les engrenages au travail : Le taille-crayon, page 42

1. Élément d'entrée : la manivelle; élément de sortie : les lames. C'est la manivelle qui fait tourner les lames.
2. Non, la manivelle et les lames tournent verticalement.

Devinettes sur les poulies et les engrenages, page 43

1. charge **2.** mobile **3.** dents **4.** à vis sans fin **5.** conique
6. pignon et crémaillère **7.** chaîne **8.** pédales
9. Les poulies et les engrenages font bouger les choses!

Module : Lumière et son

Les sources de lumière, pages 44-45

1. Lumière naturelle : météore en mouvement, éclair, luciole, aurore boréale; Lumière artificielle : lampe néon, cierge magique, feu de circulation, lampe à pétrole
2. Il s'agit d'une lumière naturelle puisqu'elle n'est pas créée par les êtres humains.
3. Exemple de réponse : La lumière solaire est gratuite. Une ampoule peut fonctionner toujours et partout, non seulement durant la journée.
4. Exemple de réponse : Je pourrais faire des activités seulement quand il fait soleil. Je ne pourrais pas bien voir la nuit en n'utilisant qu'une chandelle.

Lumière et énergie, pages 46-47

1. Toute énergie lumineuse peut provenir du Soleil. Différents types d'énergie lumineuse peuvent être utilisés pour diverses tâches. Seule une partie de l'énergie lumineuse du Soleil est visible.
2. Exemple de réponse : Des dispositifs tels qu'une radio peuvent être utilisés pour détecter les ondes radio. On peut sentir la chaleur des rayons ultraviolets ou en capter des images avec une caméra infrarouge.
3. Ils se servent des rayons X pour capter une image des os à l'intérieur de nos corps.
4. Exemple de réponse : Il serait difficile de distinguer un feu de circulation rouge d'un feu vert, les diverses couleurs de poivrons, de pommes ou de fils électriques. On ne pourrait pas regarder des films 3D. On ne pourrait pas choisir des vêtements assortis.

Expérience : Crée ton propre arc-en-ciel, page 48

1. rouge, orange, jaune, vert, bleu, indigo (facultatif), violet
2. Oui, parce qu'elle se compose de toutes les couleurs de l'arc-en-ciel.
3. Exemple de réponse : Dans un arc-en-ciel et dans les reflets d'un attrape-soleil de cristal.

Expérience : Comment la lumière voyage-t-elle? page 49

Je peux voir un rayon de lumière droit dans la poudre de la farine.

La lumière réfléchie, page 50

1. Étiquettes : Soleil = source de lumière; flèche allant vers la fleur = lumière; fleur = objet; flèche partant de la fleur = lumière réfléchie; œil = œil.
2. Il doit y avoir de la lumière dans la pièce parce que les objets en reflètent. C'est pourquoi je peux voir leur contour.

Expérience : La lumière réfractée, page 51

1. Quand on le regarde d'en haut, le crayon semble changer de direction à la surface de l'eau. Du côté, il semble se briser à la surface de l'eau.
2. À la surface de l'eau. La lumière change de direction (réfraction) en passant de l'air à l'eau. La lumière est donc réfléchie dans une autre direction.

Expérience : La lumière à travers des matériaux, pages 52-53

Les prédictions varieront, mais devraient démontrer une compréhension du fait que la lumière voyage en une ligne droite. Résultats attendus : quantité de lumière qui traverse le gobelet de plastique ou le verre transparent - toute; le papier ciré - presque toute; le papier de soie : une partie; le papier de bricolage - un peu; le papier aluminium : aucune

1. Oui, parce que l'eau est claire.
2. Toute la lumière a traversé l'eau.
3. Exemple de réponse : Couvrir les fenêtres de rideaux épais
4. Non, parce qu'il ne bloque pas la lumière.
5. Exemple de réponse : Pour réduire l'éclat de la lumière brillante ou protéger l'intérieur des yeux curieux.

Peux-tu voir à travers? page 54

Exemples de réponses : Transparent - verres de lunettes, pellicule de plastique, fenêtres, air; Translucide - cruche à lait en plastique, papier ciré, vitraux, bas de nylon; Opaque - ciment, bois, pierre, pupitre

Technologies de la lumière, pages 55-56

1. Exemple de réponse : On se sent plus en sécurité le soir quand des lampadaires illuminent la rue. Inconvénient : On ne peut pas voir beaucoup d'étoiles dans le ciel parce que la lumière des lampadaires est trop brillante.
2. Exemple de réponse :
   Incandescente - à l'intérieur, un filament chauffé brille pour fournir de la lumière, gaspille beaucoup de chaleur, consomme beaucoup d'électricité (coûteux), ne dure pas longtemps, ne coûte pas cher
   Halogène - à l'intérieur, un filament chauffé brille pour fournir de la lumière, très brillante, dure plus longtemps, devient très chaude, donc gaspillage de chaleur
   Fluorescente - tube rempli de gaz, tube droit ou en spirale, lumière ultraviolette et substances chimiques à l'intérieur produisent de la lumière, coûte cher, mais utilise peu d'électricité, dégage peu de chaleur (moins de gaspillage)
   DEL - substance à l'intérieur produit de la lumière quand un courant électrique la traverse, différentes substances produisent différentes couleurs, dure très longtemps, ne devient pas chaude (aucun gaspillage de chaleur), prix très élevé, mais ne coûte pas cher à faire fonctionner
3. Les réponses varieront, mais les élèves devraient justifier leurs réponses. Exemple de réponse : Les ampoules fluorescentes parce qu'elles consomment moins d'électricité et que nous avons beaucoup de lumières dans notre maison qui sont souvent allumées.

Expérience : Qu'est-ce que le son? page 57

1. des vibrations
2. Exemple de réponse : Haut-parleur ou écouteurs, et sur ma gorge quand je parle

Expériences : Propagation du son, pages 58-59

1re expérience

1. Oui, parce que j'ai entendu les tapes sur la table quand je me tenais tout près.
2. Oui, parce que j'ai entendu le son quand mon oreille était posée sur la table.
3. Le son était plus fort ou plus grave quand mon oreille était posée sur la table.

2e expérience

4. Oui, parce que j'ai entendu le bruit que produisaient les cuillères quand j'étais près du récipient.
5. Le son était plus fort ou plus grave quand mon oreille était placée contre le récipient.
6. Oui, parce que le bruit d'une rame ou d'un moteur voyagerait dans l'eau.

Modification du son propagé, page 60

1. Molles, parce qu'elles absorbent le son et réduisent l'écho.
2. Exemple de réponse : Les matières molles réduisent l'écho, et les matières dures supportent la structure et dirigent le son vers les spectateurs.

Expériences : Intensité et hauteur du son, pages 61-62

1re expérience

1. L'élastique plus épais.
2. L'élastique plus épais a produit des vibrations plus grosses. L'élastique plus mince a produit des vibrations plus petites.

3. Plus l'élastique était soulevé haut, plus le son était fort.
4. Quand je l'ai soulevé de 3 cm.

2e expérience

1. Quand la règle était en grande partie au-dessus du sol, le son était plus grave et la règle bougeait plus loin de haut en bas. Quand la règle était en grande partie sur le pupitre, le son était plus haut et la règle vibrait plus vite et moins loin.
2. La règle a produit plus de vibrations quand elle était en grande partie sur le pupitre.

Entendre les sons, pages 63-64

1. chuchotement, 20 dB; conversation normale, 50 dB; aspirateur, 70 dB; tondeuse à gazon à moteur, 100 dB; klaxon de voiture, 110 dB; tonnerre fracassant, 120 dB
2. Exemple de réponse : Différents individus de la même espèce peuvent avoir des champs auditifs différents. Pour mesurer le champ auditif d'un animal, on doit se fier à l'observation de ses réactions aux sons, et ses réactions peuvent varier d'un animal de l'espèce à l'autre.
3. Les baleines bleues et les girafes.
4. Non, parce que la fréquence la plus haute qu'un thon peut entendre est plus basse que celle qu'entend une chauve-souris.

Instruments de musique, pages 65-66

Les réponses varieront selon les instruments de musique que les élèves auront choisi de fabriquer.

Le son et la lumière pour la sécurité, page 67

1. Exemple de réponse : Les lumières nous empêchent de voir les étoiles, dérangent les animaux qui sortent la nuit, et peuvent empêcher les gens de dormir. Les lumières brillantes produisent trop de contraste et créent ainsi des ombres où un danger peut se cacher.
2. La musique peut les empêcher d'entendre des signaux d'avertissement, comme un klaxon de voiture ou la sirène d'un véhicule d'urgence. Si le volume est trop élevé, la musique peut endommager l'ouïe.
3. Les réponses varieront.

Vocabulaire de la lumière et du son, page 68

1. translucide **2.** réfractée **3.** vibrations **4.** réfléchi **5.** halogènes **6.** artificielle **7.** spectre **8.** absorber **9.** décibel **10.** hauteur

Module : Roches et minéraux

Les roches et les minéraux, pages 69-71

1. Exemple de réponse : La texture rugueuse augmente la traction, réduit la possibilité de glisser, et le gravier reste en place plus longtemps que la terre.
2. Exemple de réponse : couleur, transparence, lustre
3. Exemples de réponses : Avantages - durables, solides, beaux, peuvent être disponibles dans la région; Inconvénients - poids, pourraient ne pas être disponibles dans la région, très lourds à déplacer
4. Exemples de réponses : fenêtres, miroirs, horloges, montres, certains écrans d'ordinateurs ou de téléviseurs, verres pour boire, bols, vases, lentilles de certaines lunettes, loupes, ampoules, vitre devant un tableau

Trois types de roches, page 72

Sédimentaire, parce qu'elle est formée de couches de sédiments.

Le cycle des roches, pages 73-74

1. Ignée, parce qu'elle provient du magma ou de la lave, qui sort d'un volcan.
2. Les réponses varieront.

Activité sur le cycle des roches, pages 75-77

1. a) Les roches à la surface de la Terre b) Les sédiments
2. L'accumulation des sédiments
3. La pression qu'exercent les couches supérieure de sédiments sur les couches inférieures.
4. sédimentaire
5. métamorphique
6. magma
7. ignée
8. Le vent et l'eau désagrégerait la roche ignée, qui se transformerait en sédiments qui, eux, se déposeraient au fond d'un lac ou d'un océan.

L'identification des minéraux, pages 78-80

1. la dureté
2. a) la transparence b) translucide
3. a) la trace b) Non, parce que les minéraux d'un type donné laissent toujours une trace de même couleur.
4. a) le lustre b) métallique
5. Parce que certains types de minéraux peuvent être de différentes couleurs.

Exploitation minière - Le pour et le contre, pages 81-83

1. Malheureux, parce que les mineurs vont perdre leur emploi.
2. Heureux, parce que les mines causent de la pollution.
3. Malheureux, parce que les gens qui vont perdre leur emploi n'auront pas d'argent à dépenser et pourraient devoir quitter la ville.
4. Heureux, parce qu'il n'y aura plus de destruction des habitats, et qu'il y aura moins de bruit et d'autres types de pollution.

Interrogation : Les minéraux chez toi, pages 84-85

1. corindon **2.** talc **3.** quartz **4.** graphite **5.** halite **6.** argile **7.** mica

Les fossiles dans les minéraux/Crée ton propre fossile, pages 86-88

1. Les sédiments entourent le squelette qui deviendra un fossile.
2. Les minéraux présents dans l'eau s'accumulent lentement dans la cavité laissée par le squelette après qu'il s'est dissous. (La cavité est le moule de l'activité.)
3. La roche contenant le fossile est usée par le vent et l'eau; le fossile est mis au jour.

Mots croisés : Roches et minéraux, page 89

Horizontalement : 3. fossile 4. gypse 5. métamorphique 10. trace 11. lave 12. sédiment

Verticalement : 1. diamant 2. opaque 5. minéral 6. halite 7. grès 8. cuivre 9. lustre

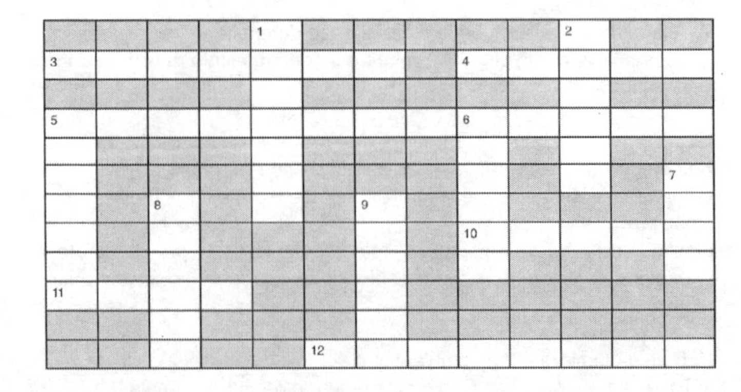